Richard Hertwig

Zur Histologie der Radiolarien

Untersuchungen über den Bau und die Entwicklung der Sphaerozoiden

und Thalassicolliden

Richard Hertwig

Zur Histologie der Radiolarien
Untersuchungen über den Bau und die Entwicklung der Sphaerozoiden und Thalassicolliden

ISBN/EAN: 9783743647596

Hergestellt in Europa, USA, Kanada, Australien, Japan

Cover: Foto ©ninafisch / pixelio.de

Weitere Bücher finden Sie auf **www.hansebooks.com**

ZUR HISTOLOGIE

DER

R A D I O L A R I E N.

UNTERSUCHUNGEN ÜBER DEN BAU UND DIE ENTWICKLUNG DER
SPHAEROZOIDEN UND THALASSICOLLIDEN.

VON

D^R. RICHARD HERTWIG,

PRIVATDOCENTEN AN DER UNIVERSITÄT JENA.

MIT FÜNF LITHOGRAPHIRTEN TAFELN.

LEIPZIG,

VERLAG VON WILHELM ENGELMANN.

1876.

Inhalt.

I. Einleitung.

In seiner im Jahre 1862 erschienenen Monographie gab HAECKEL zum ersten Male eine zusammenhängende Darstellung der Organisation der Radiolarien und machte namentlich in der histologischen Zusammensetzung derselben auf vieles Eigenthümliche und Räthselhafte aufmerksam, das bis dahin noch nicht genügend gewürdigt worden war. Er selbst versuchte nur einen Theil der von ihm beschriebenen Gebilde vom Standpunkt der Zellentheorie aus zu deuten, während er sich hinsichtlich der übrigen auf Vermuthungen beschränkte. Allein das was er mittheilte, genügte schon, um es wahrscheinlich zu machen, dass der histologische Bau der Radiolarien wesentlich von dem der übrigen Organismen abweicht. Um hier kurz das Wichtigste hervorzuheben, so schienen die Beobachtungen HAECKEL's zu beweisen, dass bei den Radiolarien eine aus verschmolzenen Zellen entstandene Sarkode zahlreiche mit Membranen versehene Einzelzellen umschliesst, dass ein Theil der Sarkode und der Zellen (die intracapsuläre Sarkode und die wasserhellen Bläschen) von einer besonderen Membran (der Centralkapselmembran) eingehüllt und hierdurch von dem übrigen Theil (der extracapsulären Sarkode und den gelben Zellen) getrennt wird. Ausserdem sind noch, wenn auch nicht bei allen, so doch bei einem Theil der Radiolarien ganz räthselhafte Bestandtheile vorhanden: die extracapsulären Alveolen, die centripetalen Zellgruppen (Physematium), vor Allem aber das Binnenbläschen (Colliden). Am meisten Anknüpfungspunkte an diese eigenthümliche Combination von selbstständig bleibenden und verschmelzenden Zellen schienen immer noch die Schwämme zu bieten, bei denen nach der damaligen Auffassung ebenfalls ächte Zellen in ein Sarkodeparenchym eingelagert waren. Hieraus erklärt sich zum Theil wenigstens die Neigung vieler Zoologen, die Radiolarien als Nächstverwandte der Spongien zu betrachten, eine Auffassung, die sogar noch in der Neuzeit ihre Vertreter findet.

Die Organisation der Spongien ist im Verlauf des letzten Jahrzehnts durch eine Reihe von Arbeiten, namentlich durch HAECKEL's Monographie der Kalkschwämme aufgeklärt worden, und haben sich hier die Verhältnisse durch den Nachweis, dass zwei Zelllagen vorhanden sind, ein aus isolirten Zellen bestehendes Entoderm und ein zum Syncytium verschmolzenes Ectoderm, wesentlich vereinfacht. Hinsichtlich der histologischen Auffassung der Radiolarien dagegen sind wir nicht über die Angaben, die seiner Zeit HAECKEL gemacht hat, hinausgekommen. Denn die Beobachtungen von CIENKOWSKI beschränken sich im Wesentlichen auf die Entwicklungsgeschichte und diejenigen von DOENITZ können nicht in Betracht kommen. Ausserdem aber sind nur kürzere Mittheilungen, welche keine wichtigeren allgemeinen Fragen berühren, erschienen. Eine erneute Untersuchung der Radiolarienorganisation war so zu einem dringenden Bedürfniss geworden und zwar galt es nicht allein dieselbe mit den Mitteln der seit dem Erscheinen von HAECKEL's Monographie so ausserordentlich vervollkommneten Technik durchzuführen, sondern auch dabei die schärfere Fassung, die unsere histologischen Begriffe seitdem gefunden haben, zu verwerthen.

Ich persönlich hatte doppelte Veranlassung, mich dieser Arbeit zu unterziehen. Einmal wurde ich auf die Untersuchung der Radiolarien durch meine frühere Bearbeitung der Heliozoen hingeleitet, da ich schon damals bei der Besprechung der fast allgemein angenommenen verwandtschaftlichen Beziehungen beider Classen zu einander das Bedürfniss empfand, diese Frage auch von Seiten der Radiolarien in Angriff zu nehmen. Dann aber auch erweckte das Eigenthümliche der histologischen Zusammensetzung mein volles Interesse, um so mehr, als mich die letzte Zeit über die Frage, ob die Zelltheorie sich in ihrer jetzigen Fassung auf den Kreis der Protisten werde übertragen lassen, in mehrfachen Arbeiten beschäftigt hatte.

Der letztgenannte Gesichtspunkt war es vornehmlich, welcher sowohl im Verlauf meiner Untersuchung, als auch später bei der Darstellung meiner Resultate maassgebend gewesen ist, und habe ich demgemäss von Anfang an für das, was ich beobachtete, Anknüpfungspunkte unter den zur Zeit herrschenden Auffassungen vom Zellenleben zu gewinnen versucht. Indem ich somit meine eigenen Wahrnehmungen unter allgemein gültige Anschauungen unterordnete, glaube ich eines der wichtigsten Erfordernisse jeder wissenschaftlichen Arbeitsweise erfüllt zu haben. Denn einerseits gewinnt jede Beobachtung in dem Maasse an Werth, als ihr Verhältniss zum Bekannten klar dargelegt wird, andererseits erlangt sie eine viel grössere Zuverlässigkeit, wenn sie vom Standpunkt der herrschenden Theorieen auf ihre Glaubwürdigkeit hin geprüft worden ist. In einer derartigen Prüfung erblicke ich ein Correctiv, dessen eine jede Beobachtung bedarf, weil sie selbst bei der gewissenhaftesten Arbeitsweise von der Subjectivität des Beobachters beeinflusst wird. Denn da richtig gebildete Theorieen eine grosse Summe von Erfahrungen repräsentiren, von denen sie abstrahirt worden sind, so ist eine Unterordnung der eigenen Beobachtungen unter dieselben in der That nichts Anderes als eine Kritik, welche im Hinblick auf das grosse empirische Material, das wir den Arbeiten zahlreicher Anderer verdanken, ausgeübt wird. Weit entfernt, dass eine derartige Forschungsweise eine subjective ist, fällt dieser Vorwurf vielmehr der einseitig empirischen Richtung zur Last, welche im Wesentlichen auf eine Ueberschätzung des Werthes der eigenen Beobachtungen im Verhältniss zu denen Anderer hinausläuft.

Kein Gebiet ist wohl so sehr darnach angethan, die Richtigkeit der hier vertretenen Auffassungsweise darzuthun, als die Naturgeschichte der Protisten, da hier mehr als anderswo die Unterscheidung des Unwichtigen vom Wichtigen, des Zusammengehörigen vom Nichtzusammengehörigen eine Beurtheilung des Gesehenen nöthig macht. Ich brauche wohl nur an die zahllosen Täuschungen zu erinnern, welche durch parasitische Vorkommnisse herbeigeführt worden sind, um zu zeigen, wie sehr die Beobachtung bei der Untersuchung der Protisten einer strengen Kritik bedarf. Wenn hier von Anfang an die persönliche Willkür der Forscher durch die Rücksichtnahme auf bestehende und berechtigte allgemeine Auffassungen mehr Beschränkung gefunden hätte, würden zahlreiche Irrthümer unmöglich gewesen sein und würden unsere Kenntnisse der Protistenorganisation einen stetigeren Entwicklungsgang genommen haben, als es in der That der Fall gewesen ist.

Es ist wohl kaum nöthig, noch besonders hervorzuheben, dass eine Auffassungsweise, wie ich sie hier entwickelt habe, nicht den Werth der empirischen Beobachtung als der Basis aller naturwissenschaftlichen Theorieen beeinträchtigen soll, dass sie vielmehr auf eine grössere Sicherstellung dieser Basis hinzuwirken beabsichtigt.

Wenn ich somit im Allgemeinen von dem Bestreben geleitet wurde, die einzelnen Punkte meiner Untersuchung sowohl unter einander, als auch mit mir wohlbegründet erscheinenden allgemeinen Auffassungen in Einklang zu bringen, so habe ich mich gleichwohl nicht gescheut, Erklärungen, welche in den vorhandenen Erfahrungen noch keine Stützen finden, in Anwendung zu bringen, selbst wenn sie wegen der Unvollständigkeit des Beweismaterials einen hypothetischen Charakter besitzen. Als eine derartige hypothetische Erklärung betrachte ich die Ableitung der Kerne der Thalassicollaschwärmer aus den Nucleoli des Binnenbläschens und die hieraus resultirende Annahme eines neuen Zellvermehrungsmodus. Ich ging hierbei von der Ansicht aus, dass solche Verallgemeinerungen nicht schaden können, so lange sie als das gegeben werden, was sie sind, und so lange sie scharf von dem Beobachteten getrennt bleiben, dass sie sogar für eine Weiterentwicklung nothwendig sind. Denn eine wissenschaftliche Arbeit hat nicht allein die Aufgabe vorhandene Fragen zu lösen, sondern auch von dem neugewonnenen Standpunkt aus neue Fragen zu entwickeln.

Aus dem Gesagten geht hervor, dass die vorliegende Arbeit sich im Wesentlichen auf morphologische Verhältnisse beschränkt hat. Systematische Probleme fanden in ihr nur soweit Berücksichtigung, als sich an die Erkenntniss des Baues nothwendigerweise auch die Frage nach den Beziehungen desselben zu anderweitigen Organisationen, im speciellen Falle zur Organisation der Heliozoen anknüpft. Von einer Besprechung der Lebenserscheinungen habe ich so gut wie ganz Abstand genommen. Einmal lagen sie nicht im Plan der Arbeit und würde eine Rücksichtsnahme auf dieselben nur von den Hauptfragen abgelenkt haben; ausserdem haben auch gerade hier die früheren Forschungen unsere Kenntnisse, soweit es bei dem jetzigen Stand der Physiologie möglich ist, im Grossen und Ganzen zu einem befriedigenden Abschluss gebracht.

Die Untersuchungen zur Arbeit wurden während eines dreiwöchentlichen Aufenthaltes am Mittelmeer zum Theil in Ajaccio, zum Theil in Villafranca bei Nizza ausgeführt und nach meiner Rückkehr an einem reichlichen, in Alkohol, Chromsäure und Osmiumsäure conservirten Material fortgesetzt. An beiden genannten Orten standen mir im Wesentlichen dieselben Arten zu Gebote; von monozoen Radiolarien waren es zwei Vertreter der Familie der Colliden, Thalassicolla nucleata und Thalassolampe margarodes, von polyzoen Formen hauptsächlich Collozoum inerme, seltener Arten der Gattungen Collosphaera und Sphaerozoum. Die kleineren monozoen Radiolarien, die Acanthometriden, Cyrtiden u. s. w. waren auffallend selten. Da die Zwecke meiner Arbeit ein reichliches und leicht zu beschaffendes Material für die Untersuchungen erforderten, glaubte ich von letzteren ganz absehen zu müssen; ich konnte dies um so eher thun, als durch die genauen Untersuchungen HAECKEL's die Homologieen der einzelnen Theile innerhalb der Radiolarien schon gezogen waren, die genaue histologische Kenntniss eines Theiles der Radiolarien somit Rückschlüsse auf die übrigen erlaubte. Dagegen muss ich es lebhaft bedauern, dass ich keine Gelegenheit fand, die wegen der Blindsäcke ihres Binnenbläschens so interessante Thalassicolla pelagica und das höchst eigenthümliche Physematium mit seinen radiär gestellten centripetalen Zellgruppen zu beobachten. Auch Thalassicolla nucleata und Thalassolampe margarodes waren nicht häufig, namentlich von ersterer habe ich im Ganzen noch nicht 15 Exemplare lebend untersuchen können, während gerade hier die grosse Verschiedenartigkeit der einzelnen Individuen die Beschränkung doppelt empfinden liess.

Unter diesen Umständen war es mir von ganz ausserordentlichem Werth, dass mir von Herrn Professor HAECKEL ein reichliches Material von Thalassicolla nucleata, welches sich auf dem hiesigen zoologischen Museum befand, mit grösster Liberalität zur Benutzung überlassen wurde. Dasselbe war von Herrn Dr. FABER aus Leipzig in der Südsee gesammelt und dem hiesigen zoologischen Museum geschenkt worden. Die Conservirung war eine vortreffliche und fühle ich mich beiden Herren zum grössten Dank verpflichtet.

Bei der Darstellung meiner Untersuchungen habe ich wie in früheren Arbeiten die objectiven Befunde und die aus denselben gezogenen Schlussfolgerungen getrennt. Diese werden in dem allgemeinen, jene in dem speciellen Theil abgehandelt, wobei letzterer nach dem Object der Untersuchung in zwei Abschnitte zerfällt, von denen der eine die polyzoen, der andere die monozoen Radiolarien behandelt. Der Arbeit habe ich eine kritische Uebersicht über das, was auf dem Gebiet der Radiolarienkunde geleistet worden ist, vorausgeschickt. Bei derselben habe ich mich auf die Untersuchungen beschränkt, welche sich mit der Organisation und der Entwicklungsgeschichte beschäftigen, dagegen die Arbeiten rein systematischen Inhalts wie z. B. die EHRENBERG's unberücksichtigt gelassen.

II. Geschichte der Radiolarienforschung.

Die ersten Mittheilungen über den Bau der Radiolarien verdanken wir MEYEN, welcher auf seiner Weltumsegelung in den verschiedensten Meeren 2 Gattungen beobachtet und unter dem Namen Physematium und Sphaerozoum in einer Weise beschrieben hat, dass man in ihnen unzweifelhafte Radiolarien wieder erkennen kann. Die Angaben sind indessen noch sehr unvollständig und theilweise so unklar abgefasst, dass eine sichere Identifizirung mit bekannten Arten bei dem Sphaerozoum nur durch die Abbildung der charakteristischen Kieselnadeln ermöglicht wird, während sie beim Physematium Atlanticum und Physematium vermiculare überhaupt nicht durchführbar ist. Hinsichtlich des letzteren kann man aus der Notiz, dass ein einzelnes Sphaerozoum zahlreichen vereinigten Physematien entsprechen soll, nur so viel als sicher entnehmen, dass der Verfasser grosse monozoe, der Familie der Colliden angehörige Arten vor Augen gehabt hat.

Ebenso lückenhaft wie die Schilderung der systematisch wichtigen Charaktere sind die Angaben über den Bau der untersuchten Organismen, welche mit den Palmellen unter den Algen verglichen und demgemäss als Palmellaria oder palmellenartige Thiere bezeichnet werden. Das Sphaerozoum soll aus einer Anzahl Kugeln bestehen, welche in einer gemeinsamen Gallerte lagern, jede Kugel hinwieder sich aus einer Anzahl Bläschen zusammensetzen. In dieser Schilderung entsprechen die erstgenannten Theile zweifellos den Central-Kapseln; was aber MEYEN unter den »Bläschen« verstanden hat, ist mir völlig unklar geblieben. Denn die Kerne des Sphaerozoum kann er wohl kaum gemeint haben, da er die viel leichter zu beobachtenden gelben Zellen übersehen hat. Noch weniger lässt sich das, was über die beiden Arten von Physematium mitgetheilt wird, auf bestimmte Theile eines monozoen Radiolars beziehen. Vollkommen irrig endlich sind die Angaben über die Fortbewegung, die durch wurmförmige Contractionen des gesammten Körpers, und die Fortpflanzung, welche durch die Grössenzunahme und den späterhin erfolgenden Zerfall einzelner Bläschen bedingt sein soll.

Eine für ihre Zeit vortreffliche Schilderung des Baues der Radiolarien veröffentlichte 17 Jahre später HUXLEY in den Annals and Magazin of Nat. Hist. Unter dem in der Neuzeit ganz in Wegfall gekommenen gemeinsamen Namen Thalassicolla punctata beschrieb hier HUXLEY eine Anzahl polyzoer Radiolarien, in denen wir mit Sicherheit Collozoum inerme, Sphaerozoum punctatum und Collosphaera Huxleyi wiedererkennen können. An den genannten Untersuchungsobjecten entdeckte er damals schon die wichtigsten Bestandtheile der Radiolarien-organisation. In der Gallerte beobachtete er die eingestreuten, in ihrer Zahl wechselnden Flüssigkeitsräume und verglich dieselben vollkommen richtig den Vacuolen in der Sarkode der Infusorien und Rhizopoden. Zum ersten Male unterschied er an jeder Central-Kapsel eine dünne aber feste Membran und die centrale Oelkugel; indem er jene als Zellmembran, diese als einen Nucleus deutete, verglich er die ganze Centralkapsel einer Zelle. Auch die Central-kapselkerne und die extracapsulären gelben Zellen entgingen dem englischen Beobachter nicht und wurden erstere als kleine öfters zellenähnlich aussehende Granula, letztere mit dem noch bis heute giltigen Namen bezeichnet.

Ausser der Thalassicolla punctata beschrieb Huxley noch eine Thalassicolla nucleata, ein monozoes Radiolar, für das der damals gewählte Namen beibehalten worden ist. Die Schilderung des Baues steht derjenigen der Th. punctata an Genauigkeit nicht nach. Ausser den schon bei letzterer besprochenen Theilen der Kapselmembran und der extracapsulären Gallerte mit ihren Vacuolen und gelben Zellen werden das Binnenbläschen, dessen Deutung als Nucleus Huxley mit einem Fragezeichen versieht, die Oelkugeln und die Eiweisskugeln be-schrieben. Letztere sollen den histologischen Werth von Zellen, die in ihnen enthaltenen Concre-mente die Bedeutung von Kernen besitzen. Der gesammte Körper der Thalassicolla nucleata wird vom morphologischen Gesichtspunkt aus einer einzigen Centralkapsel der Th. punctata gleich gesetzt und hierbei die Möglichkeit in Erwägung gezogen, dass die Th. nucleata nichts weiter ist als eine isolirte, zum Zweck der Fortpflanzung modificirte Centralkapsel der Th. pun-ctata, eine Vermuthung, die sich indessen nicht bestätigt hat. Als besonders wichtig muss ferner noch die Beobachtung hervorgehoben werden, dass zwischen den Vacuolen feine Fäden ausstrahlen, welche Körnchenströmung erkennen lassen.

Was die systematische Stellung der Thalassicollen anlangt, so hält Huxley dieselben für Uebergangsformen zwischen Foraminiferen und Spongien und reiht sie dem Typus der Proto-zoen ein.

Die Angaben Huxley's wurden durch Joh. Müller in einer Reihe von Untersuchungen, die zunächst in den Monatsberichten der Berliner Akademie erschienen und später mit Tafeln versehen in den Abhandlungen noch einmal zusammengefasst wurden, zum grossen Theil bestätigt. Nur in der Auffassung des extracapsulären Weichkörpers vertrat Joh. Müller eine abweichende Ansicht, indem er einestheils die Alveolen für zellige, mit besonderen Membranen versehene Hohlräume erklärte, anderntheils die Existenz einer Gallertschicht beim lebenden Organismus in Abrede stellte und dieselbe aus einer beim Tod eintretenden eigenthümlichen Verquellung der Sarkode ableitete. Beide Angaben wurden zwar in den meisten folgenden Arbeiten bestätigt, lassen sich jedoch keineswegs aufrecht erhalten. Dagegen müssen wir es als wichtige Fortschritte in der morphologischen Beurtheilung der Radiolarien betrachten, dass Joh. Müller die bis dahin noch sehr zweifelhafte Deutung der gelben Zellen als ächter Zellen durch die Beobachtung ihrer Vermehrung durch Theilung fester begründete und vor Allem

7

dass er einen wichtigen gemeinsamen Charakter der ganzen Gruppe in der Anwesenheit von feinen verästelten und anastomosirenden Pseudopodien erkannte. In die letztgenannte Entdeckung theilt er sich mit seinen Schülern Claparède und Lachmann. Nachdem er selbst schon früher auf feine Fäden bei Acanthometriden, Polycystinen u. s. w. aufmerksam gemacht hatte, führten letztere bei 3 Acanthometriden den Nachweis, dass die Fäden durch den Besitz der Körnchenströmung mit den Pseudopodien der Actinophrys sol und der Foraminiferen völlig übereinstimmen; Joh. Müller wiederum bestätigte diese Entdeckung, indem er gleichzeitig über die weite Verbreitung der Pseudopodien einen Ueberblick gab.

Noch wichtiger als für die Morphologie wurden die referirten Untersuchungen für die systematische Betrachtung der Radiolarien. Joh. Müller gebührt das grosse Verdienst, das Gemeinsame herausgefunden zu haben, was die von Meyen und Huxley entdeckten Sphaerozoen und Thalassicollen mit den bisher nur durch die mikrographischen Skeletschilderungen Ehrenberg's bekannten Polycystinen und den von ihm selbst zum ersten Mal genauer beobachteten Acanthometriden besitzen; er fasste die ganze Gruppe unter dem noch gültigen Namen Rhizopoda radiaria oder kurz Radiolaria zusammen und charakterisirte sie als Formen, die sich durch radiäre Symmetrie in der Anordnung der Körpertheile auszeichnen.

Wenige Jahre später als die letzte Abhandlung Müller's erschien Haeckel's Monographie, welche für die heutige Auffassung der Radiolarien maassgebend geworden ist. Alle früheren Untersuchungen überragt dieselbe durch den ausserordentlichen Reichthum des Beobachtungsmaterials, vermöge dessen sie die Grundlage für die systematische Bestimmung der einzelnen Gattungen und Arten bildet; vor Allem aber zeichnet sie sich vor ihnen durch die methodische Behandlung des Stoffes aus, welche namentlich in einer genauen und erschöpfenden vergleichend anatomischen Betrachtung der verschiedenen Radiolarienformen ihren Ausdruck findet.

In einem allgemeinen, der systematischen Beschreibung der einzelnen Arten vorausgeschickten Theil, giebt Häckel zum ersten Male eine Uebersicht über die Verbreitung der zum Theil schon früher bekannten, zum Theil von ihm selbst beobachteten Bestandtheile der Organisation innerhalb der Classe. Als typisch für die Radiolarien werden hervorgehoben 1. vor Allem die »Centralkapsel«, die zwar von früheren Forschern schon beschrieben, deren systematische Bedeutsamkeit jedoch nicht genügend gewürdigt worden war; 2. die »wasserhellen Bläschen«, im Innern der Centralkapsel gelegene runde Körper, die Huxley gelegentlich seiner Schilderung der Th. punctata als zellähnliche Granula beschrieben hatte; 3. die intra- und extracapsuläre Sarkode. Allen Radiolarien sind ferner 4. die gelben Zellen gemeinsam mit Ausnahme der Acanthometriden, deren intracapsuläre gelbe Pigmentkörper von Joh. Müller mit Unrecht als gelbe Zellen gedeutet worden sind. An die genannten Theile schliessen sich als häufige Vorkommnisse farblose und gefärbte Oelkugeln, Concretionen, Crystalle, extracapsuläre Alveolen u. s. w. an. Dagegen erscheinen auf kleinere Abtheilungen beschränkt, 1. das Binnenbläschen, welches sich nur in der Familie der Colliden findet, 2. die intracapsulären Alveolen, welche die Gattungen Thalassolampe und Physematium auszeichnen, endlich 3. die centripetalen Zellengruppen, welche nur das letztere (Physematium) besitzt.

Die Resultate dieser vergleichend anatomischen Betrachtung benutzt Haeckel zu einer präciseren Fassung der systematischen Charakteristik, in welcher namentlich der Besitz der wasserhellen Bläschen und der Centralkapsel hervorgehoben wird.

Als ein weiterer, durch Haeckel herbeigeführter wichtiger Fortschritt muss hier erwähnt werden, dass er eine histologische Deutung der einzelnen Theile zu geben und genauer zu begründen versucht. Die intra- und extracapsuläre Sarkode fasst Haeckel als einen Complex verschmolzener membranloser Zellen auf, und zwar gestützt auf die bei einzelnen Arten gemachte Beobachtung von Sarkodekernen. Als unzweifelhafte mit Membranen versehene Zellen hebt er hervor: die wasserhellen Bläschen, die intracapsulären Alveolen, die centripetalen Zellen, vor Allem aber die gelben Zellen, deren Zellnatur durch den Nachweis der Kerne völlig sicher gestellt wird. Dagegen bleibt die Deutung der extracapsulären Alveolen und des Binnenbläschens zunächst noch fraglich. Auf Grund dieser Anschauung entwickelt Haeckel seine Ansichten von der eigenthümlichen Zusammensetzung der Radiolarien aus isolirten und verschmolzenen Zellen, die wir schon in der Einleitung zu dieser Arbeit kennen gelernt haben.

Dieselbe Auffassung vertritt Haeckel in einer Reihe kleinerer Aufsätze, welche er im Anschluss an seine Monographie in den folgenden Jahren veröffentlichte. Zwei derselben bereichern unsere systematische Kenntniss mit einigen neuen Formen, die dritte bringt die physiologisch sehr interessante Notiz von der Anwesenheit von Stärke in den gelben Zellen der Radiolarien.

Von den zwei kleinen Arbeiten Schneider's, auf welche wir jetzt zu sprechen kommen, fällt der Zeit des Erscheinens nach die eine vor, die andere nach Haeckel's Monographie. Die erste, die im gleichen Jahre wie Müller's Abhandlung veröffentlicht wurde, schliesst sich vollkommen an die Auffassungen des letzteren an und hat nur durch die Schilderung zweier neuer monozoer Radiolarien Interesse, die zweite dagegen ist insofern von Bedeutung, als sie die morphologische wie physiologische Unwichtigkeit der extracapsulären Theile gegenüber der Centralkapsel hervorhebt. Schneider enucleirte eine Thalassicolla und verfolgte, wie der gesammte extracapsuläre Weichkörper von der herausgeschälten Centralkapsel aus ergänzt wurde.

An die genannten Untersuchungen reihen sich eine Anzahl für die Morphologie der Radiolarien völlig werthloser Arbeiten.

Gleichzeitig mit Haeckel's Monographie erschien eine kurze Notiz von Dana über ein Sphaerozoum und ein Collozoum. Die Angaben sind ausserordentlich dürftig, wie daraus wohl zur Genüge hervorgeht, dass sich der Verfasser dabei beruhigt, die Centralkapseln als augenähnliche Flecke, die centrale Oelkugel als einen Kreis, die gelben Zellen als kleine gelbe Kügelchen u. s. w. zu bezeichnen. Dana ist somit noch nicht einmal so weit wie seine Vorgänger Huxley und Joh. Müller gekommen, geschweige dass seine Arbeit neue Gesichtspunkte böte.

Wallich, der in seinen 7 Jahre später erschienenen Untersuchungen Haeckel's Monographie völlig ignorirt, reproducirt im Wesentlichen das, was Huxley schon vor mehr als einem Jahrzehnt beobachtet hatte. Alle Radiolarien sollen einen centralgelegenen Nucleus besitzen — wahrscheinlich begreift hier der Verfasser unter dem Namen Nucleus ebensowohl den Oeltropfen der Sphaerozoen als das Binnenbläschen der Colliden — ferner die Centralkapselmembran und endlich die theils innerhalb (wahrscheinlich die Kerne der Centralkapsel), theils ausserhalb der Kapsel gelegenen Sarcoblasten (die gelben Zellen).

Die kurzen Mittheilungen Macdonald's und Wagner's genügt es hier einfach zu erwähnen, da erstere ganz inhaltslos sind, letztere nur eine systematische Schilderung einer neuen Collide, der Myxobrachia Cienkowski, geben.

Einen geradezu schädlichen Einfluss auf die Weiterbildung unserer Kenntnisse vom Bau der Radiolarien hat A. Stuart ausgeübt. In einer grösseren Arbeit beschrieb derselbe ein sehr bekanntes Foraminifer, die Globigerina echinoides, unter dem Namen Coscinosphaera ciliosa als Radiolar und sah sich durch diese irrige Beobachtung veranlasst, die Centralkapsel aus der Anzahl der für die Radiolarienorganisation charakteristischen Bestandtheile zu streichen, ein völlig unstatthaftes Verfahren, das nur Verwirrung in die durch Joh. Muller und Haeckel geklärten Verhältnisse gebracht hat. In einer zweiten vorläufigen Mittheilung, der, so viel ich weiss, keine ausführlichen Angaben gefolgt sind, wird die Existenz eines Kernes bei den gelben Zellen im ausgebildeten Zustand ganz unberechtigter Weise in Abrede gestellt. Ein Kern soll nur bei den neugebildeten Zellen vorhanden sein; letztere sollen sich »in besonderen Bildungszellen des inneren Protoplasma auf dem Weg der sogenannten endogenen Zellbildung« anlegen. Auch diese Angabe über die Entstehung der gelben Zellen muss als eine unbewiesene Behauptung angesehen werden, so lange wir nichts Näheres über diese »Bildungszellen des inneren Protoplasma« erfahren.

Es bleibt uns nur noch übrig, auf die vor wenigen Jahren erschienenen Untersuchungen von Dönitz mit wenigen Worten einzugehen. Die in denselben enthaltenen Angaben sind ausserordentlich schwer auf die thatsächlichen Verhältnisse zurückzuführen, um so mehr, als Verfasser, wie aus seinen Figuren 2 und 4 klar hervorgeht, zum Theil wenigstens mit todtem und in Zersetzung begriffenem Material gearbeitet hat. Dönitz, welcher wahrscheinlich nur Colonieen mit einer grossen centralen Alveole zu Gesicht bekommen hat, lässt das Collozoum aus einer Blase bestehen, die mit zellenähnlichen Körpern bedeckt ist. Letztere können, ihrer Beschreibung nach zu urtheilen, nichts Anderes als die Centralkapseln sein, deren Oelkugeln offenbar für Kerne gehalten wurden. Während die Centralkapseln oder die zellenähnlichen Körper durch die Ausbildung von Crystallen undurchsichtig werden — es beziehen sich diese Angaben auf in Schwärmerbildung begriffene Radiolarien — soll sich »wahrscheinlich« der Kern (die Oelkugel?) des früheren zellenartigen Körpers stark vergrössern und das spätere Nest darstellen; das dem Kernkörperchen entsprechende Gebilde soll sich hierbei in den Oeltropfen — an einer anderen Stelle heisst es »in die Binnenblase« — umwandeln. Was ferner die histologische Auffassung anlangt, so wird die Zellnatur der gelben Zellen bestritten, weil das als Kern gedeutete Bläschen keinen Kernkörper besitzt und daher nicht als Kern gedeutet werden dürfe. Die Kerne der Centralkapsel werden mit den extracapsulären Alveolen auf eine Stufe gestellt und wie diese als Flüssigkeitsansammlungen in der Masse der protozootischen Substanz aufgefasst.

Was die Beurtheilung des wissenschaftlichen Werths dieser Untersuchungen anlangt, so habe ich der hier gegebenen Analyse Nichts hinzuzufügen. — —

Im Vorstehenden habe ich alle Arbeiten, welche die Entwicklungsgeschichte der Radiolarien behandeln, unberücksichtigt gelassen; dieselben seien hier noch kurz im Zusammenhang referirt.

Die ersten correcten Beobachtungen über die Fortpflanzung der Radiolarien stammen von Joh. Müller, welcher »infusorienartige Körper« im Innern der Centralkapsel einer Acanthometra entdeckte, ohne jedoch ihre Weiterentwicklung verfolgen zu können. Gleichlautende Angaben wurden später von Schneider über Thalassicolla nucleata und von Haeckel über Sphaerozoum gemacht; letzterer äusserte damals schon die Ansicht, dass die Centralkapsel wahrscheinlich das Fortpflanzungsorgan der Radiolarien sei, in dem besondere Fortpflanzungszellen, die wasserhellen Bläschen, ihrer Reifung entgegengingen.

In den genannten drei Fällen war die Möglichkeit einer Täuschung durch Parasitismus nicht ausgeschlossen, da weder die Abstammung der Schwärmer vom mütterlichen Organismus, noch ihre Umwandlung in diesen beobachtet worden war. Erst Cienkowski verdanken wir den sicheren Nachweis, dass die monadenartigen Körper aus einer Theilung des Inhalts der Centralkapsel entstehen und somit in der That in den Entwicklungskreis der Radiolarien gehören.

Ueber die Vermehrung der Centralkapseln durch Theilung liegen Beobachtungen von Muller, Haeckel und Cienkowski vor. Einen weiteren, von vorhandenen Centralkapseln unabhängigen Modus der Entstehung nimmt Stuart an, indem er angiebt, dass aus dem klaren Protoplasma sich kleine Fetttröpfchen ausscheiden, die sich später in einen centralen Fetttropfen vereinen, dass »dann eine Trennung des Protoplasma in ein äusseres helles und ein inneres dunkleres erfolgt, wobei die Corticalmasse des letzteren eine dichtere Consistenz annimmt« und die »Centralblase« bildet. Aehnliches theilt Cienkowski mit; ob indessen die Beobachtungen das beweisen, was sie beweisen sollen, ist mir sehr fraglich.

Endlich glaubt auch Dönitz Untersuchungen über die Entwicklung der Radiolarien gemacht zu haben. Derselbe ist jedoch recht unglücklich in der Bestimmung der Aufeinanderfolge der einzelnen Stadien, indem er unter Anderem die in der Entwicklung von Schwärmeranlagen weit vorgeschrittenen Centralkapseln des Collozoum als frühe Jugendzustände schildert und seine angeblichen entwicklungsgeschichtlichen Untersuchungen überhaupt erst mit völlig ausgebildeten Colonieen beginnt.

In der Uebersicht, welche ich hier über die Entwicklung unserer Kenntnisse der Radiolarien gegeben habe, bin ich auf die Arbeiten, welche die sogenannten »Süsswasserradiolarien« behandeln, nicht eingegangen. Ich habe früher schon die Gründe auseinandergesetzt, weshalb dieselben nicht zu den Radiolarien gerechnet werden dürfen, sondern unter dem Namen der Heliozoen in einer besonderen Classe zusammengefasst werden müssen. In dem allgemeinen Theil dieser Arbeit werde ich auf diese Frage noch einmal zurückkommen.

III. Specieller Theil.

A. Ueber den Bau und die Entwicklung der polyzoen Radiolarien (Collozoum inerme).

Ueber den Bau des Collozoum inerme.

Das entwickelte Collozoum inerme bildet wie die übrigen Sphaerozoiden im frischen Zustand einen glasartig durchsichtigen Gallertklumpen von sehr wechselnder Form und Grösse. In der Mehrzahl der Fälle ist derselbe kugelig und kann dann bis zur Grösse einer Erbse heranwachsen, in anderen Fällen erscheint er eiförmig verlängert oder wurstförmig gestreckt; dann kann er die Länge von einem Zoll und darüber erreichen. Alle diese Unterschiede der Form und der Grösse sind von keinerlei Bedeutung und können weder zur Bestimmung der Art noch zur Charakteristik irgend einer Entwicklungsphase des Collozoum benutzt werden.

In den gemeinsamen Gallertklumpen findet man schon mit unbewaffnetem Auge als gelbe Punkte leicht erkennbar die einzelnen, die Colonie zusammensetzenden Individuen, in ähnlicher Weise wie die Schneckeneier in ihre glashelle Umhüllungsmasse eingebettet. Jedes dieser Individuen besteht, wie zuerst E. Haeckel ausführlich nachgewiesen hat, aus einem allseitig von einer Membran umschlossenen Körper der sogenannten Centralkapsel und einer die letztere umhüllenden Lage von Protoplasma, der extracapsulären Sarkode oder dem Pseudopodienmutterboden. Die Verbindung der einzelnen Individuen zu einem einheitlichen Ganzen geschieht mittelst eines Netzwerks feinster Protoplasmafäden, welche überall aus dem extracapsulären Sarkodelager ihren Ursprung nehmen. Von diesem der Colonie gemeinsamen Netzwerk strahlen an der Oberfläche des Gallertklümpchens die ausserordentlich zarten, sich verästelnden und unter einander anastomosirenden Pseudopodien aus.

Nach diesem kurzen Ueberblick über den Aufbau der Collozoumcolonie, welchen ich hier zur vorläufigen Orientirung vorausgeschickt habe, wende ich mich zu einer eingehenderen Besprechung der einzelnen Theile. Hierbei haben wir zunächst den Bau der einzelnen Individuen, alsdann die Art und Weise, in welcher die Vereinigung derselben zu einer Colonie zu Stande kommt, zu betrachten. Den Bau der einzelnen Individuen werde ich im Anschluss an die von Haeckel zuerst eingeführte Eintheilung behandeln und dementsprechend im

13

Folgenden die Centralkapsel mit ihren Einschlüssen und die extracapsulären Theile des Radio-larienkörpers auseinander halten.

Bau der einzelnen Individuen der Collozoumcolonie.

A. Centralkapsel.

Unter den protoplasmatischen Bestandthéilen des Radiolarienkörpers nimmt die Central-kapsel das bei weitem beträchtlichste Volumen für sich in Anspruch. Dieselbe wird von einer Membran umhüllt, welche meistentheils so dünn ist, dass man sie eben noch als eine zarte Linie zwischen extra- und intracapsulärer Sarkode erkennt, in anderen Fällen sich aber ver-dicken kann und dann deutlich doppelt contourirt erscheint. Am besten bekommt man sie zu Gesicht, wenn man Collozoen erhärtet; es ziehen sich dann extra- und intracapsuläre Sarkode in Folge der Schrumpfung zurück und die Membran wird gleichsam isolirt. — Eine feinere Structur habe ich an der Centralkapselmembran nicht entdecken können, zweifele aber nicht, dass eine solche in Form feinster Porencanäle vorhanden ist, da zweifellos Communicationen zwischen der intracapsulären Sarkode und dem Pseudopodienmutterboden existiren. Bei Thalassicolla nucleata fällt es leicht, sich von der Existenz von Porencanälen in der Central-kapselumhüllung zu überzeugen, da hier wegen der grösseren Dicke der Membran günstigere Beobachtungsverhältnisse vorliegen.

Die Biegsamkeit der Membran erlaubt der Centralkapsel die verschiedensten Gestalten anzunehmen. Innerhalb derselben Colonie findet man kugelrunde und ovale, bisquitförmig ein-geschnürte und linsenförmig abgeplattete Kapseln. Alle diese Verschiedenheiten gestatten ebenso wenig eine systematische Verwerthung, als die Unterschiede, welche wir bei der Besprechung der Gestalt der Gesammtcolonie kennen gelernt haben.

Im Inhalt der Centralkapsel kann man constante und wechselnde Bestandtheile unter-scheiden. Zu den ersteren gehört eine grössere oder geringere Quantität körnigen Protoplasmas (die intracapsuläre Sarkode), und zahlreiche, dem Protoplasma eingelagerte helle Körper, die sogenannten wasserhellen Bläschen. Zu den wechselnden Bestandtheilen sind die Oel-kugeln, welche indessen nur selten fehlen, und ferner eigenthümlich gestaltete crystallähn-liche Körper zu rechnen, die zur Zeit der Fortpflanzung im Innern der Centralkapsel sich aus-bilden. Da ich auf die crystallähnlichen Körper im entwicklungsgeschichtlichen Theile wieder zurückkommen werde, verlangen nur die wasserhellen Bläschen und die Oelkugeln schon hier eine eingehendere Besprechung.

Die wasserhellen Bläschen. Es ist das Verdienst Haeckel's zuerst auf die allge-meine Verbreitung der Körper, welche von ihm den Namen der wasserhellen Bläschen erhalten haben, in der Classe der Radiolarien aufmerksam gemacht und ihre grosse morpho-logische Bedeutung, welche den früheren Beobachtern Huxley und Joh. Müller entgangen war [1],

---

[1] Huxley spricht in seiner Schilderung der Thalassicolla punctata von »granules, which sometimes appeared cellaeform«. Aus der Angabe, dass dieselben die Oelkugeln umlagern und sich im Innern der Centralkapsel

erkannt zu haben. HAECKEL schildert die Körper als Bläschen, welche von einer besonderen Membran umgeben sind und einen wasserklaren Inhalt enthalten. Häufig sollen die Bläschen eins, selten zwei bis drei wandständige fettglänzende Körnchen umschliessen, welche zuweilen sich zu einem Stäbchen verlängern könnten. HAECKEL ist geneigt, vom morphologischen Gesichtspunkt aus die Bläschen für Zellen, die Körnchen für die zugehörigen Zellkerne zu halten; in der Schilderung der Myxobrachia nennt er die ersteren geradezu ächte kernhaltige Zellen. Die physiologische Bedeutung dieser Zellen findet er in ihrem Verhalten bei der Fortpflanzung, insofern dieselben höchst wahrscheinlich als Fortpflanzungszellen (Sporenzellen) thätig seien[1].

Von neueren Forschern hat nur DÖNITZ[2] die wasserhellen Bläschen beschrieben. Derselbe stellt die Existenz besonderer Membranen in Abrede und erklärt die Gebilde für Flüssigkeitsansammlungen in der protozootischen Substanz. Bei ihrer Deutung bringt er sie auf gleiche Stufe mit den extracapsulären Alveolen.

Nach meinen eigenen Beobachtungen sind die fraglichen Gebilde keine Bläschen, sondern solide Körper. Sie bestehen aus einer mattgrauen, völlig homogenen Substanz, die sich häufig kaum vom umgebenden Protoplasma unterscheiden lässt. Bei Anwendung von Reagentien verhält sich diese Substanz ganz so wie die von mir in einem früheren Aufsatz[3] näher charakterisirte Kernsubstanz. In Chromsäure gerinnt sie je nach der Einwirkung homogen oder körnig, ferner gerinnt sie in Osmiumsäure und dünner Essigsäure und nimmt in Carmin und Haematoxylin eine intensivere Färbung an als das umgebende Protoplasma. Eine besondere Membran konnte ich an keinem der in Rede stehenden Körperchen erkennen und glaube ich die Existenz derselben mit Sicherheit in Abrede stellen zu können. Ebenso wenig konnte ich im Innern der Körperchen irgend welche Einschlüsse nachweisen. Die Körnchen, welche HAECKEL beschreibt, schienen mir stets ausserhalb zu liegen, ein Verhalten, welches übrigens HAECKEL selbst schon als möglich hingestellt hatte. Wenn man gleichwohl den Eindruck gewinnt, als ob Körnchen und wasserhelle Bläschen zusammengehören, so rührt dies einmal von der gleichmässigen Vertheilung beider Theile durch das Innere der Centralkapsel her, welche zur Folge hat, dass immer im Umkreis eines wasserhellen Bläschens 2—3 Körnchen in sehr regelmässiger Weise zu lagern kommen; dann aber auch von der dichten Anlagerung der Körnchen an die einzelnen Bläschen. Ganz zweifellos ausserhalb gelagert sind die stäbchenförmigen Körper, auf deren Ausbildung und Bedeutung ich in dem Abschnitt über Entwicklungsgeschichte noch einmal zurückkommen werde.

Wenn man durch Zerzupfen und Zerquetschen die homogenen Körperchen isolirt, dann

---

finden, geht mit Sicherheit hervor, dass H. hier die wasserhellen Bläschen im Auge hat. J. MÜLLER spricht nur gelegentlich der Schilderung der Acanthometra pellucida von gelben und farblosen Zellen, von denen erstere den wasserhellen Bläschen, letztere den gelben Pigmentkörpern entsprechen. Bei Sphaerozoum bildet er die wasserhellen Bläschen ab, aber ohne ihrer in der Schilderung Erwähnung zu thun.

[1] HAECKEL: Radiolarien, pag. 71. Studien über Moneren und andere Protisten. II. Beiträge zur Plastidentheorie, pag. 108 u. 116. Jenaische Zeitschrift, Bd. V, pag. 521.
[2] DÖNITZ: Archiv f. Anat. und Physiol. Jahrg. 1871, pag. 80.
[3] Morphol. Jahrb. Bd. II, pag. 63.

bleibt immer eine geringe Quantität Protoplasma als eine dünne membranartige Rindenschicht erhalten, in welcher Körnchen und Stäbchen eingebettet sein können. Es entsteht so in der That das Bild eines Bläschens, welches die betreffenden Theile umschliesst und von einer besonderen Membran umgeben ist, und erklären sich hieraus die entgegenstehenden Angaben. Gestützt auf die mitgetheilten Beobachtungen trage ich kein Bedenken, die sogenannten wasserhellen Bläschen für unzweifelhafte Kerne zu erklären, welche zur intracapsulären Sarkode gehören, wie die Kerne einer Riesenzelle zum Protoplasma derselben. Von besonderem Interesse ist hierbei, dass die Kerne stets dasselbe Aussehen gewähren und niemals die mancherlei Differenzirungen erkennen lassen, welche wir bei den ausgebildeten Kernformen der meisten Organismen vorfinden. Die Kerne der Radiolariencentralkapsel verharren in allen Stadien der Entwicklung auf der Stufe der Ausbildung, welche man aus früher und an einem anderen Ort dargelegten Gründen für die primitivste zu halten berechtigt ist.

Die Anzahl der Kerne, welche in einer Centralkapsel vorkommen, ist eine sehr wechselnde. In extremen Fällen füllen sie den Binnenraum der Centralkapsel fast allein aus und nur spärliche Reste der intracapsulären Sarkode sind in Form einer dünnen Schicht auf der Innenseite der Centralkapselmembran und als netzförmige feine Stränge im Innern zwischen den Bläschen nachweisbar; in anderen Fällen ist die Zahl der Kerne eine beschränkte. Dieselben bilden dann einen im Centrum der Centralkapsel gelagerten Haufen. Die Grösse der Kerne steht hierbei im umgekehrten Verhältniss zu ihrer Anzahl. Je mehr Kerne vorhanden sind, um so kleiner sind im Allgemeinen ihre Durchmesser. Nach meinen Messungen schwankt die Grösse der Kerne sehr beträchtlich von 0,008 bis zu ungefähr 0,015 mm. Schliesslich verdient noch hervorgehoben zu werden, dass kleine Centralkapseln meistentheils spärliche Kerne von beträchtlicher Grösse umschliessen, dass mit dem Wachsthum der Kapsel die Grösse der Kerne abnimmt und ihre Zahl sich vermehrt. — Die Formen der Kerne sind sehr verschieden. Meistentheils sind sie, wie Haeckel mit Recht angiebt, rundlich oder oval; indessen können sich die Kerne an Stellen, wo sie dicht gelagert sind, polyedrisch gegen einander abplatten, wie es Dönitz[1] schildert. Häufig begegnet man Formen, welche sich nur durch Annahme eines Theilungsprocesses erklären lassen. (Taf. II, Fig. 11.) Aus derselben Centralkapsel isoliren sich beim Zerzupfen alle möglichen Uebergangsformen von kreisrunden zu ovalen Kernformen; die ovalen Kernformen sind dann meist doppelt so gross als die runden. Weiterhin findet man die verschiedensten Stufen einer bisquitförmigen Einschnürung der Kerne bis zu fast völliger Trennung derselben in zwei Hälften. Combiniren wir alle diese Bilder, so kommen wir zu dem Resultat, dass die kleinen, runden Kerne zu grösseren ovalen Formen heranwachsen, dass dann diese durch einfache Zweitheilung wiederum in zwei runde Kerne zerfallen. — Ich habe mich vergeblich bemüht, bei den Kernen, welche so offenbar in Theilung begriffen waren, eine ähnliche streifige Differenzirung nachzuweisen, wie sie neuerdings von den Kernen

---

[1] l. c. pag. 77.

thierischer und pflanzlicher Objecte beschrieben worden sind[1]. Die in gleicher Weise wie die von meinem Bruder untersuchten Seeigeleier behandelten Kerne bildeten stets nur eine gleichmässig geronnene Masse.

Die Oelkugeln. Zwischen den homogenen Kernen finden sich im Inhalt der Centralkapsel eine oder mehrere grössere oder kleinere Oelkugeln vor. Sie sind nicht in allen Fällen entwickelt und fehlen namentlich in kleinen und somit wahrscheinlich jungen Centralkapseln. Dann und wann begegnet man Colonieen, bei denen die Mehrzahl der Centralkapseln noch keine Oelkugeln besitzt, während in einigen wenigen eine kleine Kugel offenbar seit Kurzem sich gebildet hat. Es ist dies ein Beweis für die Annahme, dass das Vorhandensein oder der Mangel von Oelkugeln für die systematische Charakteristik der Art von keinem Belang ist, eine Annahme, mit der auch Haeckel[2] übereinstimmt. Das gewöhnlichste Verhalten ist, dass in einer rundlichen Centralkapsel eine einzige Oelkugel von beträchtlichen Dimensionen sich vorfindet. Im Umkreis derselben, zwischen ihr und der Kapselmembran können dann weiterhin noch kleinere Oeltropfen sich ansammeln, die vielleicht aus der centralen Kugel durch Abspaltung entstanden sind. Bei langgestreckten Centralkapseln endlich findet sich fast immer in jedem der beiden Enden eine besondere Oelkugel.

Die Oelkugeln sind nicht, wie man wohl aus ihrem Namen entnehmen könnte, einfache Ansammlungen eines flüssigen Fetts, welche nach physikalischen Gesetzen Kugelgestalt angenommen haben; sondern sie besitzen ein wahrscheinlich aus einem Eiweisskörper bestehendes homogenes Substrat, in dem die fettige, das Licht stark brechende Substanz abgelagert ist. Es geht dies aus Beobachtungen hervor, welche ich beim Verfolgen der Entwicklungsgeschichte des Collozoum machte und auf die ich an geeigneter Stelle zurückkommen werde. Hier sei nur noch kurz darauf hingewiesen, dass auch bei Thalassicolla nucleata die Ablagerung von Fett und Concrementen in eigenthümlichen durchsichtigen Eiweissblasen erfolgt in ganz ähnlicher Weise wie beim Collozoum inerme.

Joh. Müller und Haeckel halten es für wahrscheinlich, dass die Oelkugeln die Bedeutung eines hydrostatischen Apparats besitzen. Dieser Annahme kann ich, namentlich gestützt auf die Veränderungen, welche bei der Fortpflanzung eintreten, nicht beistimmen, vielmehr fasse ich die Körper als Aufstapelungen von Nährstoffen auf und vergleiche sie in diesem Sinne den Dotterplättchen der jungen Fische, der Eier, den fettglänzenden homogenen Kugeln im Protoplasma vieler Süsswasserrhizopoden u. s. w.

Intracapsuläre Sarkode. Die Masse der intracapsulären Sarkode steht im umgekehrten Verhältniss zu dem von den Kernen eingenommenen Volumen. Wo zahlreiche Kerne vorhanden sind, bildet die Sarkode nur eine dünne Rindenschicht; sind die Kerne in geringer Zahl entwickelt, dann

---

[1] Strasburger: Ueber Zellbildung und Zelltheilung. Jena 1875, II. Aufl. Jena 1876. Beitschli: Studien über die ersten Entwicklungsvorgänge der Eizelle etc. Frankfurt 1876. O. Hertwig: Ueber Bildung, Befruchtung und Theilung des thierischen Eies. Morphol. Jahrb. Bd. I, pag. 347.

[2] Radiolarien, pag. 523.

gewinnt die Rindenschicht grössere Mächtigkeit. Im Uebrigen kann ich hier auf das, was HAECKEL schon mitgetheilt hat, verweisen.

B. Extracapsulärer Weichkörper.

Bei der Besprechung des extracapsulären Weichkörpers des Collozoum beschränke ich mich zunächst auf die im unmittelbaren Umkreis der Centralkapsel gelagerten Theile; alle diejenigen Bestandtheile, welche zur Verbindung der Einzelthiere beitragen, welche somit gleichsam das gemeinsame Eigenthum der gesammten Colonie bilden, werden für sich besonders bei der Besprechung des colonialen Verbands des Collozoum behandelt werden.

Im Umkreis der Centralkapsel findet man 1. den sogenannten Pseudopodienmutterboden und 2. in demselben eingelagert die gelben Zellen.

Der Pseudopodienmutterboden. Die extracapsuläre Sarkode, welche die Matrix der Pseudopodien bildet, besitzt eine sehr wechselnde Mächtigkeit, worüber HAECKEL genauere Angaben gemacht hat. Man findet in ihr häufig vollkommen homogen erscheinende Kugeln, ähnlich den Eiweisskugeln, welche entstehen, wenn man Protoplasma in Wasser quellen lässt. Bei Behandlung mit Reagentien wandeln sich diese Kugeln in kleine Bläschen um. Ueber ihre Bedeutung kann ich nichts Näheres mittheilen. Jedenfalls geht aus ihrem mikrochemischen Verhalten und der Inconstanz ihrer Grösse zur Genüge hervor, dass wir sie nicht als extracapsuläre Kerne ansehen dürfen. Auch sonst kann ich die von HAECKEL[1] angenommene Existenz von extracapsulären Sarkodekernen nicht bestätigen. Niemals habe ich in dem Pseudopodienmutterboden oder im Netzwerk der Protoplasmafäden Körper gefunden, die sich nach Aussehen und mikrochemischem Verhalten als Kerne hätten charakterisiren lassen. Die extracapsuläre Sarkodemasse ist nichts als kernloses Protoplasma, eine Fortsetzung der intracapsulären Sarkode, deren Kerne wir in den wasserhellen Bläschen kennen gelernt haben. Beide Theile stehen durch Vermittelung der feinen Porencanäle, welche die Kapselmembran durchbohren, mit einander in unmittelbarem Zusammenhang.

Die gelben Zellen. Hinsichtlich der gelben Zellen beschränken sich meine Beobachtungen im Wesentlichen auf eine Bestätigung der Angaben, welche JOH. MÜLLER und namentlich HAECKEL über Bau und Vermehrung derselben gemacht haben. Jede gelbe Zelle besitzt eine derbe Membran und einen gelbgefärbten protoplasmatischen Inhalt. In dem Inhalt ist häufig schon im frischen Zustand ein völlig homogener Kern sichtbar, der etwas mehr als den halben Durchmesser der Zelle misst; noch deutlicher wird derselbe bei Anwendung von Reagentien, namentlich Färbungen in Carmin. In keinem Fall umschliessen die Kerne der gelben Zellen einen Kernkörper, vielmehr gehören sie ebenso wie diejenigen des Centralkapselinhalts zu den

---

[1] Radiolarien, pag. 106 u. 107. HAECKEL ist der Meinung, dass die Sarkode ursprünglich jedenfalls Kerne besitzt, dass diese daher sehr wahrscheinlich bei allen jungen Radiolarien nachweisbar sein werden, dass die Kerne im Alter jedoch verschwinden können.

primitiven homogenen Kernen. Warum man deshalb die Zellnatur der gelben Zellen in Zweifel ziehen soll, wie es DÖNITZ[1] thut, ist mir völlig unverständlich und kann ich dem genannten Autor gegenüber nur auf das Entschiedenste die HAECKEL'sche Auffassung aufrecht erhalten. Die gelben Zellen sind durch den Besitz einer Membran völlig individualisirte Zellen, ich kann hier gleich hinzusetzen, die einzigen ächten Zellen, welche überhaupt in der Radiolarienorganisation vorkommen. Denn alle die verschiedenartigen Gebilde, welche man früher Zellen verglichen hat, die intra- und extracapsulären Alveolen, die wasserhellen Bläschen und das Binnenbläschen besitzen nicht die ihnen beigelegte histologische Bedeutung, wie zum Theil schon aus dem Mitgetheilten hervorgegangen ist, zum Theil noch aus dem Folgenden sich ergeben wird.

In jeder gelben Zelle finden sich ausser dem Kerne noch eine Anzahl stark lichtbrechender farbloser Körperchen. Es sind dies die Theile, welche wie HAECKEL[2] gefunden, CIENKOWSKI[3] weiterhin bestätigt hat, Stärkereaction ergeben. Ich habe die Reaction an frischem Material nicht angestellt, sondern nur an in Spiritus und Chromsäure conservirten Exemplaren; und habe mich hierbei überzeugt, dass die Körper bei Jodzusatz eine intensiv blauviolette Farbe annehmen. Ob die Reaction, sowie die übrigen von HAECKEL angegebenen genügen, die Stärkenatur der Körper zu erweisen, lasse ich unentschieden. Von einer genauen Verfolgung dieser einzig und allein physiologisch interessanten Frage glaubte ich Abstand nehmen zu dürfen, da es mir hier wesentlich um eine morphologische Beurtheilung der Radiolarienorganisation zu thun ist.

Ueber die Vermehrung der gelben Zellen durch Theilung haben schon JOH. MÜLLER und HAECKEL genauere Mittheilungen gemacht. Dieselben sind leicht zu bestätigen und kann ich mich den Ausführungen genannter Forscher nur völlig anschliessen. Ausserdem scheint aber auch eine Art Neubildung gelber Zellen stattzufinden, wenigstens machen es mir eine Anzahl Beobachtungen wahrscheinlich, dass gelbe Zellen sich auch unabhängig von bestehenden Zellen entwickeln können, indem im Pseudopodiennetze sich um Kerne, die wir dann von den in der Centralkapsel enthaltenen abzuleiten hätten, gelbes Pigment ansammelt und das Ganze sich schliesslich mit einer Membran umgiebt. Ich fand nämlich im Pseudopodiennetze Kerne mit einem schmalen Hof Pigment. In anderen Fällen war die umhüllende Pigmentschicht mächtiger und setzte sich scharf gegen das einbettende Protoplasma ab. Hieran reihen sich dann Exemplare an, bei denen man wirklich zweifelhaft sein konnte, ob man sie für ächte gelbe Zellen erklären sollte oder nicht[4].

---

[1] l. c. pag. 75.

[2] HAECKEL, Amylum in den gelben Zellen der Radiolarien. Biol. Studien pag. 119.

[3] CIENKOWSKI, Ueber Schwärmerbildung bei Radiolarien. A. f. m. Anat. VII, pag. 380.

[4] CIENKOWSKI scheint ähnliche Bilder gesehen zu haben, deutet dieselben jedoch in sehr abweichender Weise. »Leicht ist es«, theilt er mit, »im Körper der Radiolarien nackte gelbgefärbte Protoplasmaklümpchen anzutreffen, die man geneigt wäre, als erste Entwicklungsstufe einer gelben Zelle anzusehen. Bei genauerer Untersuchung hat sich indessen gezeigt, dass die beobachtete Radiolarie gelbe Tintinnoiden aufgenommen hatte und dass die gelbe Farbe des Protoplasmaklümpchens von der unverdauten Nahrung abstammte.« Die von mir be-

Nach diesen Beobachtungen scheint es mir wahrscheinlich, wenn auch nicht im Entferntesten bewiesen, dass um Kerne, welche wahrscheinlich aus der Centralkapsel stammen, gelbe Zellen vollkommen neu entstehen können.

Indem ich diese Vermuthungen ausspreche, kann ich nicht der in der Neuzeit von CIENKOWSKI aufgestellten Hypothese beistimmen, dass die gelben Zellen überhaupt nicht der Radiolarienorganisation angehören, sondern vielmehr selbstständige, in den Radiolarien parasitisch lebende Organismen sind. CIENKOWSKI beobachtete, dass bei Collozoum inerme die gelben Zellen fortleben und sich vermehren, auch wenn das Thier abgestorben und die Centralkapsel und das umgebende Protoplasma schon völlig zerstört waren. Es soll sich um die gelbe Zelle eine Schleimmembran entwickeln, dann soll die Zelle durch amoeboide Bewegungen frei werden und sich theilen. Bei ein und derselben Zelle soll eine Neubildung der Schleimmembran sich mehrfach wiederholen können und so eine mehrfache Häutung der Zelle stattfinden.

Ueber die mitgetheilten Beobachtungen wage ich kein Urtheil abzugeben, da ich selbst niemals etwas dem Aehnliches habe beobachten können. Indessen zugegeben selbst, dass ein derartiges Fortleben der gelben Zellen nach dem Tod des ganzen Collozoum in der That vorhanden ist, so würde hieraus noch nicht hervorgehen, dass jene nicht integrirende Theile des Ganzen seien. Finden wir doch selbst bei höheren Organismen, dass einzelne Theile eine grosse Selbstständigkeit bewahren und eine Zeit lang den Tod des ganzen Organismus überleben.

Auf weitere Beobachtungen, welche ebenfalls für die Zugehörigkeit der gelben Zellen zur Radiolarienorganisation sprechen, werde ich in dem die Fortpflanzung behandelnden Theile noch einmal zurückzukommen haben.

Bau der Colonie.

Ueber die Art und Weise, in der sich die einzelnen Collozoumindividuen zu einer Colonie vereinigen, weichen die Angaben früherer Forscher wesentlich von einander ab.

HUXLEY, welcher die Verbindung der einzelnen Centralkapseln unter einander vermittelst des zarten Sarkodenetzes nicht kannte, verglich eine Radiolariencolonie einer Palmella. Wie bei der Palmella, so sollen auch bei den Radiolarien die Einzelindividuen durch eine gemeinsame Gallerte umhüllt werden. In dieser Gallerte beobachtete HUXLEY Flüssigkeitsräume, welche er als Vacuolen bezeichnete und mit den Bildungen, welche DUJARDIN im Innern des Körpers vieler Rhizopoden nachgewiesen hat, auf gleiche Stufe stellte.

Dem gegenüber bestreitet JOH. MÜLLER die Existenz einer besonderen Gallertlage im frischen Zustand und lässt letztere erst beim Absterben des Thieres aus einer Art Exsudation der extracapsulären Sarkode und der Pseudopodien entstehen. Der Beobachter erhalte, so lauten MÜLLER's Angaben, die Radiolarien meist in diesem veränderten Zustand, da schon die Reibung

obachteten Fälle lassen diese Deutung nicht zu, namentlich würde derselben widersprechen, dass die pigmentirten Körper Kerne besassen und dass sie sich meist scharf gegen das umliegende Protoplasma absetzten. (CIENKOWSKI l. c. pag. 379.)

3 *

des Mullnetzes Beim Einfangen genüge, die Organismen zu tödten. Bei völlig unversehrten lebenskräftigen Exemplaren würden die Centralkapseln nur durch zahlreiche grosse Flüssigkeits-blasen zusammengehalten, welche sich in jeder Colonie vorfänden. Diese Blasen seien nicht, wie Huxley annehme. einfache Vacuolen, d. h. wandungslose Hohlräume, sondern Alveolen, welche von einer besonderen Membran umschlossen würden. Im frischen Zustand seien die Colonien nicht scharf begrenzt; eine deutliche Contour erscheine erst, wenn beim Tod die Gallertschicht als ein Exsudat des Protoplasma entstanden sei.

Der geschilderten Müller'schen Auffassung hat sich auch Haeckel im Grossen und Ganzen angeschlossen; auch er hält die Gallerte für etwas Abnormes, was dem lebenskräftigen unver-sehrten Thiere fehle. Nur in so weit weicht er ab, als er die Gallerte nicht als ein Exsudat des Protoplasma entstehen lässt, sondern von einer Verquellung desselben ableitet. Diese Verquellung soll durch die grosse Imbibitionsfähigkeit des Protoplasma bedingt sein. Weiterhin weicht Haeckel von J. Müller darin ab, dass er die Bildung der Gallerte nicht als ein unzweifel-haftes Zeichen des Todes auffasst, vielmehr nimmt er an, dass ein geringer Grad der Ver-quellung der extracapsulären Sarkode auch beim lebenden Thiere auf Reizung hin entstehen und dann, wenn man die Radiolarien sich selbst überlässt, wieder rückgängig werden kann. Die Alveolen lässt Haeckel wie J. Müller von besonderen Membranen umgeben sein; die Alveo-len sollen »das gemeinsame Gerüst bilden gleichsam das zarte Skelet, welches wie die Hauptmasse des Polypenstocks, allen Thieren der Colonie gemeinsam ist, die gemeinsame Binde- und Stützsubstanz, auf der die Einzelthiere in bestimmten Abständen zerstreut sind«. In seiner späteren Publication über die Myxobrachia neigt Haeckel[1] der Auffassung zu, dass die Alveolen den Formwerth selbstständiger membranführender Zellen besitzen. Als ein wichtiger Fortschritt im Verhältniss zur Darstellung J. Müller's muss schliesslich noch hervorgehoben werden, dass Haeckel die Verbindung der einzelnen Centralkapseln durch Protoplasmafäden, über die J. Müller nicht hatte ins Klare kommen können, erkannte. Es sollen die von dem Umkreis der einzelnen Centralkapseln ausstrahlenden Protoplasmafäden sich auf dem Gerüste, welches von den Alveolen gebildet wird, verästeln und Netze bilden, hierbei sollen auch die Protoplasmastränge von auseinander liegenden Centralkapseln mit einander in Verbindung treten und das gemeinsame Substrat bilden, aus dem die Pseudopodien entspringen.

In neuerer Zeit ist O. Schmidt[2] zur Auffassung der Alveolen als einfacher Flüssigkeits-räume im Protoplasma zurückgekehrt, indem er sie den Vacuolen vergleicht, welche er in dem aus verschmolzenen Zellen bestehenden Ektoderm der Schwämme beobachtet hatte. Dönitz[3] endlich bezeichnet die extracapsulären Alveolen als wandungslose Hohlräume in der »protozootischen Substanz«. Was im Uebrigen der genannte Autor über die Bildung derselben, sowie ferner über ihre Beziehungen zu den übrigen Theilen der Sphaerozoiden sagt, lässt

---

[1] Biol. Studien, pag. 109.
[2] O. Schmidt, Supplement der Spongien des Adriat. Meeres. Leipzig 1864, pag. 21.
[3] Dönitz l. c. pag. 76.

diese Angaben werthlos erscheinen, da aus alledem, was er mittheilt, nur hervorgeht, wie wenig derselbe sich über die wichtigsten Grundzüge der Radiolarienorganisation klar geworden ist. Meine eigenen Beobachtungen führen mich zu einer Auffassung, welche sich im Grossen und Ganzen der von Huxley vertretenen wieder nähert. Ich halte die zarte Gallerte, welche das Stroma der eingefangenen Collozoumcolonieen bildet, nicht für ein Zeichen des Todes oder ein Product einer pathologischen Veränderung der Pseudopodien, sondern bin vielmehr der Ansicht, dass dieselbe auch am frischen, völlig intacten Thiere existirt. Zu dieser Auffassung werde ich namentlich durch den Umstand bestimmt, dass man bei Collozoen mit deutlicher Gallerte niemals Bilder erhält, welche eine allmählige Auflösung der Pseudopodien in die Gallerte erkennen liessen, wie man sie nach der Ansicht der früheren Autoren erwarten sollte, dass man vielmehr die Protoplasmafäden stets scharf contourirt in der Gallerte verlaufen sieht. Wenn man im frischen Zustand keine deutliche Abgrenzung der Gallerte gegen das Wasser erkennen kann, so rührt dies daher, dass ihr Lichtbrechungsvermögen sich nur wenig von dem des umgebenden Wassers unterscheidet und dass die Grenzcontouren noch dazu von den ausstrahlenden Pseudopodien verwischt werden; dass bei den meisten eingefangenen Collozoen eine Grenzcontour deutlich wird, führe ich darauf zurück, dass das gereizte Collozoum seine Pseudopodien einzieht, welche dann auf der Oberfläche des Körpers einen mehr oder minder dicken Protoplasmabeleg bilden. In diesem Protoplasmabeleg haften Fremdkörper leicht an und es entsteht so die Klebrigkeit der Collozoumcolonieen, auf die schon J. Müller und Haeckel hingewiesen haben. Diese Auffassung habe ich durch die Beobachtung von Colonieen gewonnen, deren Oberflächen von dicken Sarkodeanhäufungen bedeckt waren, welche einerseits mit dem Fadennetz der Gallerte im Zusammenhang standen, andererseits sich in sehr kleine Pseudopodien fortsetzten; die Körnchenströmung im Protoplasma und das ganze Aussehen der Colonie bewiesen in den vorliegenden Fällen, dass ich es mit völlig lebenskräftigen Exemplaren zu thun hatte.

Möglicherweise trägt auch zu einer Verdeutlichung der Contouren eine Verdichtung der Gallerte bei, indem das gereizte Collozoum Wasser abgiebt, um sein specifisches Gewicht zu erhöhen und sich zu Boden zu senken. Ein derartiges Verhalten wäre denkbar, wenn ich es auch nicht habe beobachten können[1].

Was nun auch Alles beitragen mag, um die anfänglich verschwommenen Contouren der Gallerte deutlich zu machen, so viel steht fest, dass die scharfe Contourirung der Gallerte kein Zeichen des Todes ist. Denn zahlreiche Exemplare, welche diese Erscheinung zeigten, habe ich noch Tage lang flottirend im Wasser erhalten. Einzelne von ihnen entwickelten sich sogar weiter und erzeugten in ihrem Inneren eine Brut junger Schwärmer, was ihre völlig unversehrte Lebensfähigkeit ausser allen Zweifel stellt.

---

[1] Nur im Laufe der Entwicklung kommt etwas Derartiges vor. Es sinkt dann das Collozoum zur Erde und es schwinden, wie wir später sehen werden, alle Vacuolen aus dem Innern der Colonie.

22

In der Gallerte, welche somit auch bei der lebenden Colonie das Substrat der Organisation bildet, verzweigen sich die aus dem Mutterboden der einzelnen Centralkapseln entspringenden Protoplasmafäden und vereinen sich zu Netzen, welche den physiologischen Zusammenhang der Einzelthiere bedingen und ausserdem an der Oberfläche in die als Organe der Fortbewegung und der Nahrungsaufnahme fungirenden Pseudopodien übergehen. Das hierdurch entstehende protoplasmatische Netzwerk hat viel Aehnlichkeit mit dem Netzwerk anastomosirender Zellen, welches sich im Schleimgewebe z. B. der WHARTON'schen Sulze des Nabelstranges ausbreitet, doch sind es keine Zellen wie hier, sondern kernlose Protoplasmafäden, die die Zwischensubstanz durchsetzen.

In der Gallerte liegen ferner die extracapsulären Alveolen eingestreut. Dieselben zeigen sehr verschiedene Grösse und Anordnung. Es giebt Alveolen, welche nicht viel grösser sind, als gelbe Zellen, andere wiederum sind so ausgedehnt, dass sie fast den ganzen Raum der Colonie für sich in Anspruch nehmen. Entweder sind zahlreiche kleinere Alveolen oder Alveolen mittlerer Grösse durch die ganze Colonie unregelmässig zerstreut, oder es finden sich einige wenige grosse Alveolen, um die dann die Centralkapseln sich gruppiren; besonders häufig beobachtet man eine einzige kugelförmige Alveole, welche nach aussen nur von einer dünnen Gallertlage umgeben ist und deren Oberfläche die Centralkapseln aufgelagert sind als ob sie aufgeklebt wären. Alle diese Verhältnisse sind so genau von HAECKEL geschildert worden, dass ich hier einfach auf die Darstellung desselben verweisen kann.

Um über den Bau der Alveolen ins Klare zu kommen, wählt man zweckmässiger Weise kleine Exemplare zur Untersuchung. An denselben überzeugt man sich leicht, dass die Alveolen Flüssigkeitsansammlungen im Protoplasma der extracapsulären Sarkodenetze sind. Was MÜLLER und HAECKEL als eine besondere Membran beschrieben haben, ist nichts als die protoplasmatische Umhüllung, welche die Innenseite der in der Gallerte gebildeten Hohlräume mit einem dünnen Wandbeleg überzieht. Auch an grösseren Alveolen kann man dies Verhältniss erkennen. Verfolgt man einen Faden des Sarkodenetzes, so kann man denselben unter Umständen, wie schon SCHNEIDER von der Thalassicolla nucleata angegeben hat, sich mit breiter Basis an der Peripherie einer Alveole festsetzen und continuirlich in den körnigen Wandbeleg derselben übergehen sehen. HUXLEY hatte somit vollkommen Recht, als er die Alveolen den Vacuolen der Sarkode DUJARDIN's verglich; freilich war diese Ansicht durch seine Darstellung nicht genügend motivirt, da HUXLEY zwar die Gallerte, aber nicht das protoplasmatische Netzwerk in der Gallerte kannte.

Die Alveolen sowohl wie das Sarkodenetzwerk bleiben bei Anwendung conservirender Flüssigkeiten z. B. in Alkohol, Chromsäure und Osmiumsäure erhalten und können somit auch an todten Exemplaren untersucht werden. Es ist dies leicht verständlich, denn die Gallerte, welche das Ganze umschliesst, verhindert das Schrumpfen der Theile, was ohnedem eintreten würde, wie es die frei ins Wasser hervorragenden Pseudopodien zeigen.

Bau der übrigen polyzoen Radiolarien. Mit den Collozoen stimmen die übrigen Colonie bildenden Radiolarien, die Sphaerozoen und Collozoen in den wesentlichsten Punkten ihres Baues überein. Wie aus der Darstellung Haeckel's und aus Beobachtungen, die ich selbst gemacht habe, hervorgeht, kann man an ihnen alle die beschriebenen Theile: Gallerte, Alveolen, extra- und intracapsuläre Sarkode, gelbe Zellen und Centralkapseln mit Kernen und Oelkugeln nachweisen. Hinsichtlich der für beide genannten Gattungen charakteristischen Eigenthümlichkeiten — Bau des Skelets, Bildung der grossen Crystalle von Collosphaera, welche nach Joh. Müller aus Coelestin bestehen — kann ich hier auf die sehr ausführlichen und genauen Angaben Haeckel's verweisen, deren Richtigkeit zu bestätigen ich hier Gelegenheit nehme.

Beurtheilung der Beobachtungen über den Bau des Collozoum inerme.

Aus den mitgetheilten Beobachtungen ergiebt sich folgender Bau des Collozoum inerme, den ich zum Schluss noch einmal kurz im Zusammenhang darstelle.

Das ausgebildete Collozoum inerme, wie überhaupt jedes Colonie bildende Radiolar, besteht aus einer Anzahl von Einzelthieren, von denen ein jedes sich wieder aus der Central-kapsel und den extracapsulären Theilen zusammensetzt. Die Centralkapsel ist der morpho-logisch bei weitem wichtigste Theil des Körpers. Vom histologischen Gesichtspunkt aus betrachtet bildet dieselbe eine vielkernige Zelle oder nach Haeckel's Auffassung der Zellindi-vidualität, ein Syncytium zahlreicher Zellen, das in seinem Innern Oelkugeln abscheidet und sich nach aussen mit einer von feinen Canälen durchsetzten Membran, der Centralkapsel-membran, umgiebt. Zu diesem Syncytium verhält sich die extracapsuläre Sarkode, der Pseudo-podienmutterboden und das Netzwerk der Pseudopodien, wie der ausserhalb der Schale gelegene Theil des Foraminiferenkörpers zu dem von der Schale umschlossenen; die gesammte extracapsuläre Sarkode ist gleichsam nur eine Ausstrahlung des intracapsulären Theils. Ich befinde mich mit dieser Auffassung in Uebereinstimmung mit A. Schneider[1], welcher ebenfalls die Centralkapsel der Radiolarien mit dem in der Schale liegenden Weichkörper der Fora-miniferen vergleicht.

Aus dem Gesagten geht hervor, dass man die Centralkapsel nicht als ein Organ (Fort-pflanzungsorgan) bezeichnen kann, wie es früher geschehen ist; vielmehr stellt dieselbe so recht eigentlich den Körper der Radiolarien vor, welcher nach aussen seine die Nahrungs-aufnahme vermittelnden Theile aussendet.

In der nach aussen hervortretenden Protoplasmamasse des durch die Centralkapsel gebildeten Syncytium liegen zahlreiche durch den Besitz von Membranen völlig individualisirte Zellen, die gelben Zellen. Dieselben entstehen wahrscheinlich im Anschluss an Kerne, die dem Inhalt der Centralkapsel entstammen; einmal angelegt, bethätigen sie eine grosse Selbst-ständigkeit, insofern sie sich durch Theilung vermehren.

---

[1] Arch. für Anat. u. Physiol. Jahrg. 1867, pag. 509.

24

Zahlreiche derartige einzelne Collozoen lagern in einer gemeinsamen Gallerte und durchsetzen dieselbe mit einem Netz von Protoplasmafäden, welches einerseits die verschiedenen Centralkapseln unter einander verbindet, andererseits an der Oberfläche des Gallertklümpchens in die Pseudopodien übergeht. Indem sich in den Protoplasmafäden Flüssigkeitsansammlungen ausbilden, entstehen Vacuolen, die sogenannten extracapsulären Alveolen, welche so sehr an Grösse zunehmen können, dass sie den voluminösesten Theil der Colonie bilden. Die Gallerte entsteht zweifellos durch Ausscheidung vom Protoplasma des Körpers des Collozoum aus, sie verhält sich somit zu den Centralkapseln und dem von demselben ausgehenden Netzwerk wie die Grundsubstanz der Bindegewebsformen zu den Bindegewebskörperchen und deren Ausläufern, oder allgemein ausgedrückt wie das Protoplasmaproduct zum Protoplasma; wir können somit die Ausscheidung der Gallerte als eine sehr primitive Art der Gewebebildung betrachten.

Ueber die Entwicklung des Collozoum inerme.

Bei der Entwicklungsgeschichte kommen zweierlei Vorgänge in Betracht, einmal die Vermehrung der Individuenanzahl einer Colonie oder mit anderen Worten das Wachsthum derselben (Anlage neuer Centralkapseln), weiterhin die Anlage neuer Colonieen oder die Fortpflanzung der polyzoen Radiolarien.

Wachsthum des Collozoum.

Was zunächst das Wachsthum der Colonie anbetrifft, so hat schon HAECKEL eine Anzahl von Beobachtungen zusammengestellt, welche es ihm wahrscheinlich machten, dass dasselbe durch eine Theilung der vorhandenen Centralkapseln bedingt werde. Namentlich betont er die verschiedenen Formen der Centralkapseln, welche bald rund, bald oval gestreckt, bald bisquitförmig eingeschnürt erscheinen und somit weitgehende Analogieen zu den bei der Zelltheilung entstehenden Formen darbieten. Als einen weiteren Beweis führt er an, dass in oval gestreckten Centralkapseln häufig zwei Oelkugeln vorhanden sind, in jedem Ende des Ovals eine. HAECKEL erblickt hierin das Endresultat einer stattgehabten Zweitheilung des Oeltropfens und vergleicht diese Zweitheilung der Theilung des Zellkernes, welche der Zellvermehrung vorausgeht.

Die referirten Angaben sind leicht zu bestätigen, wenn man nur eine grössere Anzahl Collozoen durchmustert. Ebenso stimme ich auch der Deutung der Beobachtungen im Allgemeinen bei, obwohl ich eben so wenig als HAECKEL eine Centralkapseltheilung direct habe beobachten können; nur in Bezug auf das Vorkommen von zwei Oelkugeln in einer Centralkapsel muss ich darauf aufmerksam machen, dass eine Vermehrung der Oelkugeln keineswegs ein sicheres Zeichen der beginnenden Centralkapseltheilung ist, da dieselbe häufig auch zu Anfang der Fortpflanzung der Radiolarien durch Schwärmerbildung stattfindet.

Weitere Momente, welche mir eine Vermehrung der Centralkapseln durch Theilung unzweifelhaft erscheinen lassen, finde ich in dem Verhalten der Kerne der intracapsulären

Sarkode. Bei Collozoen, bei denen eine centrale Oelkugel gänzlich fehlte und bei denen die zu einem Haufen vereinigten Kerne das Centrum der Centralkapsel einnahmen, konnte ich verfolgen, dass überall da, wo die Centralkapseln bisquitförmig gestaltet waren, jedes der erweiterten Enden seinen eigenen Kernhaufen besass. Jeder dieser Haufen enthielt ungefähr gleich viel Kerne, als die kleinsten in der Colonie vorhandenen runden Centralkapseln. Ausserdem fanden sich ovale Centralkapseln vor, welche von den runden kleinen bis zu den bisquitförmigen grösseren einen continuirlichen Uebergang bildeten und eine allmählige Grössenzunahme und eine derselben entsprechende Vermehrung der Kernanzahl erkennen liessen. Aus diesen Beobachtungen kann man mit grosser Wahrscheinlichkeit den Schluss ziehen, dass mit dem Wachsthum der Centralkapseln eine Vermehrung der Kerne stattfindet., dass sich dann der Kernhaufen in zwei Theile sondert und jeder der so neu entstandenen Kernhaufen das Centrum einer neuen Centralkapsel bildet.

Ausser der besprochenen Vermehrung der Centralkapseln durch Theilung schildert HAECKEL noch eine zweite Art des Wachsthums der Colonie. Bei derselben sollen sich die Oelkugeln einer Centralkapsel massenhaft vermehren und um jede derselben sich eine neue Centralkapsel anlegen; schliesslich sollen die Tochterkapseln durch Bersten der Membran der Mutterkapsel frei werden. Eine derartige endogene Vermehrung habe ich niemals beobachten können; dagegen habe ich häufig Zustände genauer untersucht, welche mit der von HAECKEL abgebildeten viel Aehnlichkeit besassen, von mir jedoch mit der Schwärmerbildung in Zusammenhang gebracht werden und bei der Schilderung derselben auch ihre Besprechung finden sollen. Da HAECKEL die endogene Bildung einer jungen Centralkapselbrut nur aus der Combination verschiedener Beobachtungen erschlossen hat, da ferner meine eigenen Beobachtungen die gegebene Deutung zweifelhaft erscheinen lassen, so halte ich zunächst die Existenz eines derartigen Vorganges für noch nicht genügend erwiesen und die Vermehrung der Centralkapseln durch Zweitheilung für den einzigen zur Zeit als sicher annehmbaren Wachsthumsmodus der polyzoen Radiolarien.

Fortpflanzung des Collozoum.

Die Bildung neuer Colonieen findet entweder statt, indem sich bestehende Colonieen theilen, resp. indem sich von ihnen Theilstücke ablösen, die sich zu selbstständigen Individuen entwickeln, oder sie wird durch Schwärmerbildung vermittelt.

Der erstere Modus ist zwar nicht durch directe Beobachtung völlig sicher gestellt, seine Existenz jedoch in hohem Grade wahrscheinlich gemacht. Die Collozoumcolonieen bilden häufig lang gestreckte Körper, welche in sehr regelmassiger Weise perlschnurartig eingeschnürt sind. Diese eigenthümliche Form wird durch die Anordnung der Vacuolen bedingt, welche nahezu gleiche Grösse besitzen und in einer Linie an einander gereiht die zwischen zwei Einschnürungen liegenden Hervorwölbungen bedingen. Die Centralkapseln der Colonie sind dann stets so vertheilt, dass sie der Oberfläche einer jeden Vacuole aufgelagert erscheinen.

26

Wahrscheinlich lösen sich entsprechend den Einschnürungen, wie auch HAECKEL annimmt, die einzelnen Glieder der Kette ab und bilden neue Colonieen. Wenigstens findet man in Gläsern, in denen man derartige Collozoen züchtet, häufig kleine Colonieen, welche in ihrer Grösse und ihrem Bau einem einzelnen Glied der Kette entsprechen würden.

HAECKEL und JOH. MÜLLER nehmen ferner an, dass sich einzelne Individuen der Colonie ablösen und zum Ausgangspunkt einer neuen Colonie werden können. Sie stützen sich hierbei auf die Beobachtung völlig entwickelter solitärer Centralkapseln, denen die Alveolenhülle noch fehlte. Indessen können derartige Einzelindividuen auch von Schwärmern abstammen, deren Entwicklungsgeschichte ich im Folgenden eingehender schildern werde.

Die Fortpflanzung durch Schwärmer erfolgt durch einen Zerfall des Inhalts sämmtlicher Centralkapseln einer Colonie in zahllose mit Geisseln versehene Körper von ausserordentlicher Kleinheit. Der Vorgang wurde zum ersten Male von JOH. MÜLLER beobachtet, welcher im Innern der Centralkapsel einer Acanthometra »eine wimmelnde Bewegung« wahrnahm und den Grund derselben in »kleinen infusorienartigen Körperchen« entdeckte, deren Bau ihm unbekannt blieb. J. MÜLLER[1] war offenbar zweifelhaft, ob hier nicht vielleicht parasitische Bildungen das Bild eines Fortpflanzungsprocesses vortäuschten[2], wenigstens unterliess er es, die Beobachtung im Sinne der Fortpflanzung zu verwerthen. Einen Schritt weiter kam HAECKEL[3], insofern er beim Zerzupfen eines Sphaerozoum punctatum, bei welchem der Inhalt der Centralkapseln eine gleiche tumultuarische Bewegung hatte erkennen lassen, kleine mit einem wetzsteinförmigen Crystall versehene Bläschen isoliren konnte, welche kurze Zeit über in einer lebhaft rotirenden Bewegung begriffen waren, bald jedoch ohne sich weiter zu entwickeln, abstarben. Auf diese Beobachtung gestützt, erklärte HAECKEL die Centralkapsel für das Fortpflanzungsorgan der Radiolarien. Auch ausserdem theilt HAECKEL Beobachtungen mit, welche er zwar selbst nicht in Beziehung zur Fortpflanzung bringt, die indessen gleichwohl, wie wir später sehen werden, in den Entwicklungscyclus gehören.

Am genauesten und ausführlichsten endlich hat CIENKOWSKI die Schwärmerbildung verfolgt. Es gelang ihm bei zahlreichen Exemplaren der Gattung Collosphaera Schwärmer zu züchten und mit aller Sicherheit den Nachweis zu führen, dass keine Täuschung durch Parasitismus vorliegt. Der Schwärmer der Collosphaera oder die Zoospore soll sich mit Hülfe zweier Geisseln bewegen und ausserdem noch ein crystallinisches Stäbchen und einige Oelbläschen besitzen. Eine Weiterentwicklung der Schwärmer fand in keinem Falle statt, vielmehr starben dieselben trotz der mannigfach modificirten Züchtungsversuche stets ab. Da die Schale der Collosphaera eine genaue Beobachtung der die Schwärmerbildung einleitenden Vorgänge unmöglich macht, dehnte CIENKOWSKI seine Untersuchungen auf das Collozoum inerme

---

[1] l. c. pag. 14.
[2] Auf die ähnlich lautenden Beobachtungen SCHNEIDER's, welche sich auf die Thalassicolla nucleata beziehen, werden wir später noch zurückkommen.
[3] Radiolarien, pag. 142.

aus, wurde aber an Vollendung derselben durch Krankheit verhindert. Bei den Collozoen soll der Centralkapselinhalt in keilförmige Stücke und diese wieder in einzelne Bläschen zerfallen, die Oelkugel soll von diesem Process nicht berührt werden, sondern eine indifferente Rolle spielen. Crystalle wurden in einer Anzahl von Fällen beobachtet, in anderen wiederum vermisst. Cienkowski hielt diesen Unterschied für bedeutungslos, da in ein und derselben Colonie Centralkapseln mit, sowie solche ohne Crystalle vorkommen könnten. Ueber den Bau der Schwärmer theilt er nichts Näheres mit.

Durch die referirten Angaben früherer Autoren, vor Allem Cienkowski's, war meiner Meinung nach zweifellos festgestellt, dass bei den Radiolarien eine Entwicklung durch Schwärmer in ganz ähnlicher Weise stattfindet, wie wir sie auch von anderen Rhizopoden kennen. Dagegen war die Art, in welcher sich die Schwärmer bilden, nur unvollständig und ungenügend beobachtet. Vor Allem fehlte es noch an einem histologischen Verständniss für den Vorgang. Als ich daher eine erneute Untersuchung der Radiolarienentwicklung begann, kam es mir vor Allem darauf an, den Zusammenhang der einzelnen Stadien der Schwärmerbildung und die histologische Bedeutung des dieselbe einleitenden Processes genauer zu ermitteln. Es war mir hieran um so mehr gelegen, als ich von einer derartigen Behandlung der Entwicklungsgeschichte neue Belege für die oben entwickelte Auffassung vom Bau der Radiolarien, welche in den wesentlichsten Punkten von den herrschenden Anschauungen abweicht, zu gewinnen hoffte.

Bevor ich auf eine Darstellung meiner Beobachtungen eingehe, mögen hier einige Worte über die angewandten Untersuchungsweisen Platz finden. Die Umbildung einer dünnwandigen Centralkapsel, wie sie Fig. 1 auf Taf. I darstellt, in einen Haufen zahlreicher, völlig reifer Schwärmer ist ein Process, der sich sicherlich über mehrere Wochen erstreckt. Da nun die Radiolarien sich selbst bei grosser Sorgfalt nicht lange in den Zuchtgläsern cultiviren lassen, so möchte es wohl unmöglich sein, den ganzen Entwicklungsgang an ein und demselben Exemplar bis zu Ende zu verfolgen. Der Beobachter ist deshalb angewiesen, die einzelnen Stadien, welche zur Beobachtung kommen, zu combiniren und sich aus ihnen ein einheitliches Bild zu abstrahiren. Um hierbei nun möglichst sicher zu gehen, dass die einzelnen Stadien in der That in der Natur auch so auf einander folgen, als ich sie combinirt hatte, habe ich die Entwicklung möglichst lange an einem und demselben Exemplar zu verfolgen gesucht und den Faden der Entwicklung womöglich da, wo ich ihn abzubrechen genöthigt war, an einem anderen Exemplar wieder aufgenommen. Zu dem Zweck setzte ich die einzelnen Colonieen, nachdem ich sie mit mittelstarker Vergrösserung im hohlgeschliffenen Objectträger unter dem Deckglas beobachtet hatte, wieder in ein grosses Gefäss zurück, um sie nach Verlauf eines halben oder ganzen Tages von Neuem zu controliren. Bei manchen Exemplaren habe ich so mehrere Tage lang die Entwicklung beobachten können.

Eine derartige Untersuchungsweise hat nun mit dem Uebelstand zu kämpfen, dass die Entwicklung nicht das eine wie das andere Mal in genau derselben Weise verläuft, dass viel-

4*

mehr mannigfache Variationen des Entwicklungsgangs vorkommen. Man erhält so eine verwirrende Menge von Bildern, welche die Einordnung der einzelnen Stadien erschwert. Indessen betreffen diese Variationen nur untergeordnete Momente und kommen bei der Beurtheilung des Gesammtentwicklungsganges nicht in Betracht. Ausserdem habe ich durch häufige Controle mir möglichst Gewissheit zu verschaffen gesucht, dass die getroffene Anordnung der einzelnen Zustände der Wirklichkeit entspricht. — Die Untersuchung im frischen Zustande reicht nicht aus, um einen völligen Einblick in die histologischen Veränderungen zu gewinnen, welche bei der Schwärmerbildung sich vollziehen. Die Radiolarien sind zwar meist sehr durchsichtig, aber die einzelnen Theile besitzen ein zu gleichmässiges Lichtbrechungsvermögen, um schon in frischem Zustand genügend unterschieden zn werden. Man wird hierdurch gezwungen, zur Behandlung mit Reagentien seine Zuflucht zu nehmen, um die Lücken der Beobachtung auszufüllen. Aus der Identifizirung der mit Reagentien behandelten Objecte mit den Bildern in frischem Zustand erwächst der Untersuchung eine weitere Schwierigkeit, namentlich gilt dies von dem in conservirenden Flüssigkeiten mitgenommenen und nach der Rückkehr vom Meer verarbeiteten Material.

Diese Bemerkungen über die eingeschlagene Beobachtungsmethode glaubte ich vorausschicken zu müssen, um den Leser hinsichtlich der Art und Weise zu orientiren, in welcher ich zu der einheitlichen Auffassung vom Entwicklungsgang der Collozoen, die ich im Folgenden darstellen werde, gelangt bin.

Bei der Betrachtung der Fortpflanzung des Collozoum inerme müssen wir zwei verschiedene Arten der Schwärmerbildung unterscheiden. In dem einen Falle kommt es zur Entwicklung von Schwärmern mit eigenthümlichen wetzsteinförmigen Crystallen, im anderen Falle fehlen die letzteren. Da nun auch der Verlauf der Entwicklung bei beiden Schwärmerarten ein verschiedener ist, müssen wir eine jede getrennt betrachten und beginnen mit der Entwicklung der Schwärmer mit Crystallen, da dieselbe in einfacherer Weise erfolgt.

Bildung der Schwärmer mit Crystallen.

An die Spitze der Besprechung stelle ich indifferente·Formen, welche wahrscheinlich in gleicher Weise auch den Ausgangspunkt für die Entwicklungsreihe der Schwärmer ohne Crystalle bilden. Es sind dies Colonieen, deren Centralkapseln einen geringeren Umfang besitzen; die Anzahl der zu einem centralen Haufen zusammengedrängten Kerne ist eine beschränkte, so dass zwischen ihnen und der Kapselmembran noch ein breiter Saum intracapsulärer Sarkode vorhanden ist; die Kerne selbst sind von beträchtlicher Grösse; unter ihnen findet man Formen, welche auf einen stattgehabten Theilungsprocess schliessen lassen. indem zwei oder mehr einander dicht angelagert sind und wie die Zellen einer Furchungskugel sich gegenseitig abplatten. (Taf. 1, Fig. 1.) Oelkugeln können vorhanden sein, aber auch ebenso häufig fehlen; die Kapselmembran ist zart und nur als eine feine Trennungslinie erkennbar; die Formen der Centralkapseln sind sehr wechselnd.

Im weiteren Verlauf nehmen die Centralkapseln an Grösse zu, während die Kerne sich vermehren und in gleichem Maasse kleiner werden. Die Collozoen gewähren auf diesem Stadium folgenden Anblick. Die Centralkapseln einer Colonie sind von nahezu übereinstimmender Grösse (0,12 mm.) und bilden meist kugelig abgerundete Körper. Im Centrum jeder Kugel findet sich eine einzige Oelkugel von beträchtlichen Dimensionen. Dieselbe wird von den Kernen umgeben, welche ungefähr 0,006 mm. gross sind und den Zwischenraum zwischen der Oelkugel und der Kapselmembran völlig erfüllen. Die Kerne stossen dicht an einander, ohne sich jedoch polyedrisch abzuplatten. , Spärliches körniges Protoplasma füllt die Lücken, welche zwischen den einzelnen Kernen übrig bleiben und bildet eine dünne Lage unter der Kapselmembran. Im Protoplasma finden sich einzelne grössere Fettkörnchen, welche dann zu ein oder zweien den einzelnen Kernen zuertheilt sind und denselben so dicht anlagern, dass man versucht ist, ihren Sitz in das Innere der Kerne zu verlegen. Beim Zerquetschen bleiben sie sammt dem umgebenden Protoplasma den Kernen anhaften, was dann eine weitere Veranlassung zur irrigen Annahme, dass beide Theile zusammengehören, geben kann.

Im Umkreis der Kerne entwickeln sich weiterhin die wetzsteinförmigen Crystalle. (Taf. II, Fig. 4.) Man kann die Bildung derselben von den kleinsten Anfängen bis zur Vollendung verfolgen, wenn man zahlreiche in Schwärmerbildung begriffene Collozoen durchmustert. Zuerst erscheinen sie nur wie verlängerte und beiderseits zugespitzte Körnchen. Je ein derartiges Körnchen ist je einem Kern dicht angelagert, so dass man auch wieder zweifelhaft werden kann, ob nicht das Körnchen im Inneren des Kerns liegt. Da die Kerne regelmässig im Inneren der Centralkapsel vertheilt sind, lassen natürlich auch die Crystalle eine äusserst regelmässige Anordnung erkennen. Allmählig wachsen dann die kleinen stäbchenförmigen Körper zu den wetzsteinförmigen Crystallen heran, welche schon J. MÜLLER und HAECKEL bei Collozoum beobachtet haben. Dieselben zeichnen sich durch ihren fettähnlichen Glanz aus; sie besitzen keineswegs wie echte Crystalle scharfe Kanten und Ecken, vielmehr sind dieselben abgerundet. In Säuren und Alkalien lösen sich die Körper nicht auf, verändern jedoch bei längerer Einwirkung ihre Form, so dass die anfänglich glatten Contouren runzelig werden. Das ganze Aussehen der Körper bestimmt mich zur Annahme einer organischen und nicht, wie J. MÜLLER will, anorganischen Constitution derselben. Glühversuche, welche die Frage allein endgültig entscheiden würden, habe ich nicht anstellen können.

In gleichem Maasse, als die wetzsteinförmigen Körper an Grösse zunehmen, mehren sich die Fettkörnchen im Umkreis der Kerne. Indem auf diese Weise zahlreiche, das Licht stark brechende Bestandtheile durch das Innere der Centralkapsel gleichmässig vertheilt werden, werden die Kapseln bei durchfallendem Licht vollkommen schwarz und undurchsichtig; nur an den dünnen Randpartieen kann man noch Einzelheiten erkennen und hier verfolgen, wie der ganze Centralkapselinhalt nach der Zahl der Kerne in Stücke zerfällt. Ein jedes Stück besteht aus einem Kern, einem dem Kern anlagernden crystallähnlichen Körper, einer Summe von Fettkörnchen und spärlichem Protoplasma, welches die genannten Bestandtheile zusammenhält. (Taf. II, Fig. 2.)

Um diese Zeit sinkt die ganze Colonie in den Zuchtgläsern zu Boden; die Alveolen der Gallerte verschwinden und die Centralkapseln sammeln sich im Centrum der Gallerthülle zu einem Haufen, welcher bei auffallendem Licht einen kreideartigen Anblick gewährt. Der Beobachter kann sich dann leicht täuschen lassen und die Colonie für abgestorben halten; es ist dies wahrscheinlich der Grund, weshalb früheren Beobachtern die in Schwärmerbildung begriffenen Collozoen selten zur Untersuchung gekommen sind. So wie man einmal hierauf aufmerksam geworden ist, begegnet man häufig den geschilderten Zuständen.

Die übrigen Bestandtheile der Colonie, welche wir bis jetzt unberücksichtigt gelassen haben, die Oelkugeln, gelben Zellen und die extracapsuläre Sarkode nehmen an den hier beschriebenen Umbildungsprocessen ebenfalls Antheil.

Die Veränderungen der Oelkugeln treten zu einer Zeit auf, wo die Centralkapseln schon völlig undurchsichtig geworden sind. Um dieselben zu erkennen, muss man daher die Kapselmembran durch Druck sprengen und ihren Inhalt entleeren. Wendet man dies Verfahren an bei Colonieen, die nur noch wenig von der Reife der Schwärmer entfernt sind, so erhält man keine Oelkugeln mehr, wie wir sie früher kennen gelernt haben, sondern helle, ganz durchsichtige blasenartige Körper, in denen nur noch Reste des früheren fettigen Inhalts der Oelkugel in Form einer grösseren oder geringeren Anzahl verschieden grosser Fettkörnchen enthalten sind. (Taf. II, Fig. 5.) Bei Zusatz von Reagentien platzen die homogenen Körper und entleeren ihren Inhalt von Fettkörnchen oder sie gerinnen zu Blasen, in deren Innerem die Körnchen in lebhafte Molecularbewegung gerathen. (Fig. 5ᵇ.) Die Bestandtheile, welche die Oelkugel bildeten, sind somit resorbirt und wahrscheinlich zu den Fettkörnchenhaufen verwandt worden, welche die Kerne umgeben. Hierbei ist nur die das Substrat der Oelkugel bildende Eiweisskugel übrig geblieben. Wenn CIEŻKOWSKI angiebt, dass die Oelkugeln bei der Fortpflanzung unbetheiligt sind, so hat dies nur für die ersten Stadien Gültigkeit; später spielen sie offenbar eine bedeutsame Rolle als Nahrungsreservoirs, welche den jungen neuangelegten Radiolarien ein Quantum Nährmaterial zuertheilen.

Aehnliche Veränderungen wie die Oelkugeln erfahren auch die gelben Zellen. Dieselben zerfallen in kleine gelbe und farblose Körnchen, welche das Sarkodenetz erfüllen, das bis kurze Zeit vor dem Ausschwärmen der jungen Brut die einzelnen Centralkapseln unter einander verbindet. (Taf. II, Fig. 1 u. 2.) Hierbei kann man alle Stufen des Zerfalles erkennen: unregelmässig geschrumpfte Zellen, Zellen, von denen sich Stücke abgelöst haben, endlich Häufchen gelber und farbloser Körnchen. Nun muss ich zwar erwähnen, dass ich den geschilderten Zerfall nicht in allen Fällen habe nachweisen können; häufig vermisste ich ihn bei Collozoen, welche ich in Gläsern gezüchtet hatte; am Anfang meiner Beobachtungen habe ich überhaupt nicht auf das Verhalten der gelben Zellen geachtet. Um so mehr fällt es in die Waagschaale, dass ich den Process durchgängig bei zahlreichen Exemplaren im Gange fand, welche frisch eingefangen von mir untersucht worden waren und sich als in der Bildung von Schwärmern begriffen auswiesen; ich ziehe hieraus den Schluss, dass der Zerfall der gelben Zellen bei der Fortpflanzung das normale Verhalten ist.

Ist dieser Schluss berechtigt, so ergeben sich weitere Anhaltspunkte für die früher schon vertheidigte Idee der Zugehörigkeit der gelben Zellen zur Organisation der Radiolarien. Wären die gelben Zellen Parasiten, wie Cienkowski vermuthet, so wäre es unbegreiflich, wie sie von den die Schwärmerbildung begleitenden Veränderungen betroffen werden sollten. Nehmen wir dagegen mit Haeckel an, dass die gelben Zellen für den Stoffwechsel der Radiolarien von Bedeutung sind, dass sie Aufstapelungsorte gewisser Nährstoffe sind — und diese Annahme wird durch den Nachweis von Stärke resp. einer der Stärke ähnlichen Substanz wahrscheinlich gemacht — so erklären sich die geschilderten Verhältnisse ungezwungen in derselben Weise, wie die Auflösung der Oelkugeln und um auf ähnliche Vorkommnisse, welche wir bei Thalassicolla kennen lernen werden, hier gleich im Voraus aufmerksam zu machen, die Auflösung der Concrement- und Fettkugeln bei der Entwicklung dieses monozoen Radiolars. Ueberall· liegt derselbe physiologische Vorgang zu Grunde: Aufstapelung wichtiger überschüssiger Nahrungsstoffe zum Zweck sie zu verwenden, sobald der Organismus ihrer bedarf.

Wenn in der geschilderten Weise sämmtliche Bestandtheile der Radiolariencolonie zum Aufbau der Schwärmer aufgebraucht und die extracapsulären Sarkodenetze eingezogen sind, so fallen die einzelnen Centralkapseln, welche jetzt jeder festeren Verbindung entbehren, bei der geringsten Berührung auseinander, platzen und entleeren ihren Inhalt, der aus zahllosen, schon innerhalb der Kapselmembran in tumultuarischer Bewegung begriffenen Schwärmern besteht. Die Bewegung der freigewordenen Schwärmer besitzt die Form, welche schon so häufig von den Schwärmern anderer Rhizopoden geschildert worden ist, dass ich hier nicht näher auf sie einzugehen brauche. Anfangs ist sie sehr lebhaft, erlahmt aber allmählig, bis endlich höchstens nach Verlauf einer Stunde[1] der Schwärmer abgestorben ist, ohne eine weitere Entwicklungsform eingegangen zu sein. Es ging mir hier wie allen früheren Forschern; über das Schwärmerstadium hinaus die Radiolarien zu cultiviren und den Uebergang in einen rhizopodenartigen Zustand zu verfolgen, wollte mir trotz der mannigfach modificirten Versuche nicht glücken.

Die völlig reifen und ausgebildeten Schwärmer (Taf. II, Fig. 3) bilden ovale, nach dem vordern Ende etwas zugespitzte Körper. Das vordere Drittel des Körpers ist völlig homogen. An ihm befestigt sich die ausserordentlich lange Geissel; letztere ist stets einfach, wovon ich mich sowohl im frischen Zustand, als auch — was der Beobachtung grössere Sicherheit verleiht — an mit Osmiumsäure behandelten Schwärmern überzeugen konnte; indessen erhält man in Folge ihrer Länge und der grossen Lebhaftigkeit der Bewegung häufig den Eindruck,

---

[1] Cienkowski glückte es, Schwärmer über 24 Stunden zu cultiviren, ohne Veränderungen an ihnen wahrzunehmen, dann starben sie ab.

als ob zwei Geisseln vorhanden wären. So werden sich wohl auch die Angaben Cienkowski's erklären, welcher dem Schwärmer von Collosphaera zwei Geisseln zuschreibt. — Dem hinteren Ende genähert, aber in der Längsaxe des Schwärmerkörpers gestreckt, liegt der wetzstein-förmige Crystall, umgeben von einem Haufen Fettkörnchen. Häufig ragt der Crystall über die Oberfläche hervor, so dass er, wie Haeckel richtig bemerkt, derselben wie aufgelagert erscheint. Ein Kern ist im frischen Zustand nicht zu erkennen. Fügt man jedoch Osmiumsäure hinzu, so wird es klar, dass die ganze vordere helle Partie fast ganz von dem völlig homogenen Kern gebildet wird. (Taf. II, Fig. 4b.) Derselbe misst ungefähr 0,005 mm. und wird nur von einem homogenen Protoplasmaring umschlossen, der sich nach hinten in das den Crystall und die Fettkörnchen bergende Protoplasma fortsetzt. Noch deutlicher wird das Verhältniss von Protoplasma und Kern, wenn man die mit Osmiumsäure behandelten Schwärmer noch mit Carmin imbibirt.

Diese Beobachtungen bestätigen die schon früher gemachten Angaben, dass in der Centralkapsel die Fettkörnchen und die Crystalle nicht im Innern, sondern ausserhalb der Kerne liegen, und dass letztere, wie wir es früher geschildert haben, eine völlig homogene Beschaffen-heit besitzen.

Hat man Centralkapseln geöffnet, welche noch nicht völlige Reife erlangt hatten, so findet man zwischen zahlreichen wohlausgebildeten Schwärmern noch unreife Formen. Die-selben haben eckige Contouren und hängen noch mit einander zusammen. Häufig besitzen sie schon Geisseln, während noch die hinteren Enden sich in lange, mit anderen Schwärmern sich verbindende Protoplasmafäden ausziehen.

Entwicklung der Schwärmer ohne Crystalle.

Wir kommen jetzt zur Besprechung der Entwicklung der zweiten Schwärmerform, welche ich bei den Collozoen kennen gelernt habe, der Schwärmer ohne wetzsteinförmige Crystalle. Die Verhältnisse gestalten sich hier verwickelter, der Gang der Entwicklung variabeler, so dass gerade hier die richtige Beurtheilung der aufeinander folgenden Stadien mit manchen Schwierigkeiten zu kämpfen hat.

Das erste Stadium, welches sich mit einiger Sicherheit als in den Kreis der hier zu behandelnden Vorgänge gehörig betrachten lässt, habe ich in Fig. 2 auf Taf. I abgebildet[1]. Die Figur stellt einen Zustand der Centralkapsel dar, wie er sehr häufig zur Beobachtung ge-langt. Die Kerne sind unregelmässig in der Centralkapsel gruppirt, von beträchtlicher Grösse, rund oder oval gestaltet; einige unter ihnen sind durch Theilung in mehrere kleinere Kerne zerfallen, welche im Zusammenhang geblieben sind und kleine Kerntrauben bilden. So sind

[1] Was den Bau der indifferenten Centralkapselformen anlangt, die man zu der einen wie der anderen Entwicklungsreihe zuzählen kann (Taf. I, Fig. 1), so verweise ich auf die auf Seite 28 gegebene Schilderung.

aus einem Kern z. B. zwei entstanden, von denen der eine sich abermals getheilt hat; ein anderer Kern ist sogar in 5 Theilstücke zerfallen. In den Interstitien zwischen den Kernen findet sich feinkörniges Protoplasma, welches in der Peripherie eine ansehnlichere Schicht bildet. Die Oelkugeln sind in Zweizahl vorhanden; die kleinere derselben ist möglicherweise durch Abspaltung von der grösseren entstanden; keinenfalls jedoch steht diese Verdoppelung der Oelkugeln mit einer Theilung der Centralkapseln in Zusammenhang.

Die weiteren Veränderungen werden durch den fortschreitenden Kerntheilungsprozess bedingt, dessen Anfang wir soeben kennen gelernt haben. Indem die Producte der Theilung hierbei in engerem Zusammenhalt bleiben, kommt es zur Bildung von Kernhaufen, die sich durch Druck gegenseitig polygonal abplatten und fast den ganzen Inhalt der gleichzeitig an Grösse beträchtlich zunehmenden Centralkapsel ausfüllen. Behandelt man solche Collozoen mit Chromsäure und Carmin und zerquetscht sie ein wenig, so erhält man Bilder, welche Schnitten durch Lymphdrüsen, die noch nicht ausgepinselt sind, ähnlich erscheinen. Die ganze Masse ist roth gefärbt, lässt aber schon eine Zusammensetzung aus kleinern und grössern Zellcomplexen erkennen. Zerzupft man die einzelne Centralkapsel, so isolirt man grössere und kleinere Kernhaufen, wie sie in Fig. 10 auf Taf. 1 dargestellt sind. Man kann an denselben dann die verschiedensten Stufen des Kernzerfalls erkennen, indem ein Theil der Körper aus wenigen grössern, andere wieder aus zahlreicheren kleinen Kernen bestehen. Geringe Spuren von homogenem Protoplasma verbinden wahrscheinlich die einzelnen Kerne eines Haufens zu einer gemeinsamen Masse.

Die entstandenen Kernhaufen sind entweder um eine einzige centrale Oelkugel gruppirt — eine derartige Centralkapsel liegt zum Beispiel Ciexkowski's Figur 21 zu Grunde — oder sie sind, wenn mehrere Oelkugeln vorhanden waren, jedesmal rosettenartig um diese angeordnet. Im letzteren Falle kann eine centrale Oelkugel an Grösse überwiegen und von einem Kranz kleinerer umgeben sein, wie es Figur 3, Tafel I darstellt oder die einzelnen Oelkugeln besitzen gleiche Grösse und gleiche Beschaffenheit. Bilder letzterer Art sind es jedenfalls gewesen, welche Haeckel zur Annahme einer endogenen Vermehrung der Centralkapseln veranlasst haben. Wenigstens beziehe ich die Figur 12 auf Tafel XXXV seiner Monographie auf ein Collozoum, dessen einzelne Individuen die geschilderten Veränderungen erlitten haben und ein nur wenig älteres und fortgeschritteneres Stadium repräsentiren. Wahrscheinlich hat Haeckel, indem er zu grossen Werth dem Verhalten der Oelkugeln beimass, jede Oelkugel mit ihrem Kranz von Kernhaufen für eine völlig fertige Centralkapsel gehalten.

Die Kernhaufen wachsen, indem sich homogenes Protoplasma um die einzelnen Kerne ansammelt. Es entstehen so grosse, durch gegenseitigen Druck ebenfalls polyedrisch abgeplattete Körper, welche bis auf einen Saum körnigen Protoplasmas die Kapsel vollkommen erfüllen. Diese Körper erscheinen anfänglich vollkommen homogen, da das Lichtbrechungsvermögen der Kerne und des homogenen Protoplasma des Radiolarienkörpers nahezu gleich ist:

später erscheint eine polygonale Felderung auf der Oberfläche[1], durch welche die einzelnen Körper in zahlreiche kleinere Stücke zerfallen (Tafel I, Figur 4). Um die histologische Zusammensetzung des geschilderten Entwicklungsstadium beurtheilen zu können, bedarf es auch hier wieder der Behandlung mit Reagentien und des Zerzupfens des Präparats. Wenn wir in Chromsäure härten und mit Carmin färben, erhalten wir Bilder, welche sehr an isolirte Drüsengänge und Drüsenalveolen erinnern. Wir isoliren beim Zerzupfen rundliche, ovale oder bisquitförmig eingeschnürte Körper, welche zahlreiche Kerne umschliessen und entsprechend der Anzahl der Kerne in kleine Stücke eingetheilt sind (Taf. I, Fig. 12). Daneben finden wir ausserdem noch Körper, welche fast nur aus Kernen zu bestehen scheinen und deshalb sich nahezu gleichmässig und intensiv imbibiren. Durch ihre stärkere Färbung - unterscheiden sie sich leicht von den übrigen Theilen der Centralkapsel.

Diese bei der Behandlung mit Reagentien auftretende Verschiedenheit der den Kapselinhalt bildenden polygonalen Körper bringe ich in Zusammenhang mit einer Verschiedenheit der aus ihnen entstehenden Schwärmer. Wie wir später sehen werden, können wir unter den reifen Schwärmern Makro- und Mikrosporen unterscheiden. Letztere leite ich aus den fast nur aus Kernen bestehenden und daher sich stark imbibirenden Körpern ab, erstere aus den zuerst beschriebenen.

Die hier geschilderten Stadien hat schon CIENKOWSKI richtig beschrieben und abgebildet. CIENKOWSKI lässt den Kapselinhalt in keilförmige Stücke zerfallen, die man beim Zerquetschen entleeren kann. Die keilförmigen Stücke, welche der russische Forscher im frischen Zustand isolirt in Figur 20 abbildet, entsprechen meiner Zeichnung Fig. 12, Taf. I, welche von einem mit Reagentien behandelten Präparat entnommen ist.

Um diese Zeit treten durch die ganze Centralkapsel zerstreut Fettkörnchenhaufen auf und zwar lagert je einer derselben einem jeden Theilstück an. Ein derartiges Stadium ist in Figur 5 abgebildet, welche eine Centralkapsel von ihrer Oberfläche betrachtet (kein Querschnittsbild) darstellt. Die Anhäufungen fein vertheilten Fetts vermehren sich und machen die Centralkapseln undurchsichtig und schwarz. In dem Maasse als sie häufiger werden, nehmen die Oelkugeln ab, man findet daher in einer völlig undurchsichtig gewordenen Centralkapsel keine Oelkugeln mehr. Aus diesen Beobachtungen schliesse ich, dass auch hier wieder die im Inhalt der Centralkapsel vertheilten Fettkörnchen aus der centralen Oelkugel abstammen. — Uebrigens können die Anhäufungen von Fettkörnchen schon sehr frühzeitig auftreten, wie es aus Fig. 3, Taf. I. ersichtlich ist und auch von CIENKOWSKI, der es im Text jedoch unerwähnt lässt, in Figur 21 dargestellt wird. Dem verschiedenen Verhalten der Fettbestandtheile muss zum grossen Theil die Mannigfaltigkeit der Bilder zugeschrieben werden, welche man beim Studium der Collozoenentwicklung erhält.

---

[1] Zweifellos ist auch die Abbildung 11 auf Tafel XXXV von HAECKEL's Monographie, welche die eudogene Vermehrung der Centralkapseln illustriren soll, hierher zu rechnen. Vgl. das auf Seite 33 hierüber Mitgetheilte.

Da durch die Vertheilung der Fettkörnchen auch hier wie bei der Entwicklung der Schwärmer mit Crystallen die Centralkapseln kurz vor der Reife vollkommen undurchsichtig werden, so erscheinen sie bei der Betrachtung bei auffallendem Licht wie weisse Punkte. Hierbei kriechen sie, in ganz derselben Weise wie wir es früher schon kennen gelernt haben, zu einem centralen Haufen zusammen, die Alveolen schwinden und die ganze Colonie sinkt zu Boden. Ebenso konnte ich auch einige Male mich davon überzeugen, dass die gelben Zellen in gelbe und farblose Körnchen und Körnchenhaufen zerfallen (Taf. II, Fig. 6).

Um sich über die Zusammensetzung, welche der Inhalt der Centralkapseln auf diesem Stadium zeigt, Klarheit zu verschaffen, muss man zum Zerquetschen seine Zuflucht nehmen. Man erhält dann grössere und kleinere, im Ganzen kugelförmige Körper, welche aus einzelnen in Bildung begriffenen Schwärmern zusammengesetzt sind (Fig. 6 u. 9). Man kann sich hierbei von der schon hervorgehobenen Verschiedenheit der beiderlei Schwärmeranlagen überzeugen. Ein Theil der durch Zerzupfen isolirten Kugeln wird durch kleine Schwärmeranlagen, ein anderer durch grosse gebildet. Hierbei kommt die Grösse der Kugel gar nicht in Betracht, indem ebensowohl wenige grössere Schwärmeranlagen eine kleinere Kugel, als auch zahlreiche kleinere Schwärmer eine grössere Kugel bilden können. Die einzelnen Schwärmeranlagen sind stets wie die Zellen einer Furchungskugel durch Druck gegen einander polyedrisch abgeplattet. Einer jeden Anlage ist ein Häufchen Fett wie äusserlich angeklebt, und sitzt dem nach aussen gekehrten Ende auf. Neben diesen kugeligen Körpern findet man weiterhin mehr oder minder reife Schwärmer: Formen, die mit ihren centralen, kernführenden Enden noch zusammenhängen, andere, welche vollkommen losgelöst sind, aber noch keine Geissel besitzen, endlich völlig reife Schwärmer, auf deren Schilderung ich jetzt näher eingehe (Taf. I, Fig. 7, 8 u. 11).

Die aus den reifen Centralkapseln sich entleerenden Schwärmer zeichnen sich durch eine ausserordentlich charakteristische bohnenförmige Gestalt aus; dieselbe wird durch eine Furche bedingt, welche schräg von dem vordern Ende der linken Seite zu dem hintern Ende der rechten Seite sich hinzieht. An dem am meisten hervorragenden Punkte der obern Umrandung der Furche sitzt die Geissel. Dieselbe ist auch hier, wie ich mich an lebenden, sowie an mit Osmiumsäure behandelten Objecten überzeugt habe, nur in Einzahl vorhanden; sie ist von beträchtlicher Länge und schwingt der Furche entlang, an deren oberem Rande sie sich befindet. Das vordere Ende des Schwärmers ist homogen; in ihm kann durch Osmiumsäure und Carmin ein grosser Kern nachgewiesen werden, der fast das ganze vordere Ende allein bildet. Das hintere Ende enthält zahlreiche Fettkörnchen, welche nun nicht mehr, wie früher, zu einem Haufen vereint, sondern gleichmässig durch das Protoplasma vertheilt sind. Die Fettkörnchen sind viel zahlreicher als bei der früher geschilderten Schwärmerform, dagegen fehlt jede Andeutung eines crystallartigen Körpers. Vacuolen sind auch hier nicht vorhanden.

Bei allen Collozoen liessen die Schwärmer Unterschiede erkennen, welche eine Unter-

5*

36

scheidung von Makro- und Mikrosporen ermöglichten. Diese Verschiedenheiten beschränkten sich jedoch nur auf die Grösse, während der Bau bei beiden Arten im Wesentlichen sich gleich. Die Makrosporen besassen stets doppelte Länge und Breite, wie die Mikrosporen. Die geringere Grösse der letztern wurde im Wesentlichen durch das geringere Quantum an Protoplasma bedingt, während der Kern dem der Makrosporen nur wenig nachstand. Dies Verhältniss macht sich auch in der Körperform geltend, insofern bei den Mikrosporen das vordere Ende viel breiter ist als das hintere, welches nur wie ein kleines Anhängsel des Kerns aussieht. Namentlich fiel dieses Verhalten bei der Imbibition auf, bei der das Protoplasma fast ganz vom Kern verdeckt wird.

Welche Bedeutung kommt nun dieser Differenzirung in zweierlei Formen von Schwärmsporen zu? Beim ersten Beobachten der Grössendifferenz war ich geneigt, dieselbe für zufällig und bedeutungslos zu halten. Ich dachte daran, dass die kleineren durch einen weiter fortgesetzten Theilungsprocess aus den grösseren entstanden sein könnten. Dem gegenüber musste es jedoch sehr auffallend erscheinen, dass die Grössenunterschiede in allen beobachteten Centralkapseln wiederkehrten. Ebensowenig ergab die Beobachtung Anhaltspunkte für die Annahme, dass die Grösse der Schwärmer im Allgemeinen eine variable sei, dass die angeführten Maasse nur die beiden Extreme der Unterschiede nach der einen und der andern Richtung hin bildeten. Es hätten sich dann Uebergangsformen nachweisen lassen müssen, was mir nicht gelungen ist; vielmehr war der Grössenunterschied stets so ausgeprägt, wie es in den Zeichnungen wiedergegeben ist. Es scheint mir daher das wahrscheinlichste zu sein, dass die Grössenunterschiede in einer Verschiedenheit der Functionen beider Schwärmer begründet sind, und liegt es dann am nächsten, an eine geschlechtliche Differenzirung derselben zu denken. Leider fehlen mir alle weiteren Anhaltspunkte, um diese Vermuthung sicherer begründen zu können, da ich niemals bei den zahllosen einer Prüfung unterworfenen Exemplaren eine Copulation habe nachweisen können. Hierbei muss freilich in Rücksicht gezogen werden, dass ich, wie schon erwähnt, die Schwärmer niemals habe lange am Leben erhalten können. Weiteren Beobachtungen muss es vorbehalten bleiben, die hier angeregte Frage zur glücklichen Lösung zu bringen.

In einem Falle blieb nach der Entleerung der Schwärmer in der Colonie noch ein protoplasmatisches Netzwerk übrig; in demselben lagerten Kerne von verschiedener Grösse, Fettkörnchen, im Zerfall begriffene gelbe Zellen u. s. w. Ich glaube, dass in diesem Falle die Sprengung der Kapseln in Folge der bei der vorhergegangenen Beobachtung nöthigen Hantirungen verfrüht und zu einer Zeit eingetreten war, als ein Theil der Schwärmer noch nicht die völlige Reife erlangt hatte, dass in Folge dessen die noch unreifen Theile sich zu einem Netzwerk ausgebreitet hatten. Es lösten sich denn auch noch andauernd neue Schwärmer aus dem Netzwerk ab, um die Colonie zu verlassen. Normaler Weise zerfällt, wie ich sicher annehme, die ganze Colonie in Schwärmer, sodass von einem Mutterthiere als solchem Nichts. übrig bleibt. (Taf. II. Fig. 6.)

Im Anschluss an die geschilderte Entwicklung der bohnenförmigen Schwärmer bespreche ich eine Anzahl Formzustände, die ich nicht häufig genug beobachtet habe, um sie mit genügender Sicherheit zu deuten, die mir aber Nichts als eine Modification jener Entwicklung zu sein scheinen. Zeitweilig findet man die einzelnen Centralkapseln einer Colonie (Fig. 7 auf Taf. II) von eigenthümlichen homogenen Körpern umlagert. Wo sie vorhanden sind, ist ihre Zahl so gross, dass die Centralkapsel fast völlig von ihnen verdeckt ist. Wie die gelben Zellen, so sieht man auch diese Körper im Sarkodenetz der Colonie sich fortbewegen und langsam von einer Centralkapsel zur andern wandern oder vielmehr transportirt werden.

Die Form dieser extracapsulären Körper ist sehr verschieden; nur selten sind sie rund, häufig bisquitförmig, am meisten begegnet man oberflächlich mehr minder tief eingeschnürten Formen, unter denen manche dann wie gelappt aussehen. Ebenso variirt die Grösse beträchtlich, die Mehrzahl mag einen Durchmesser von 0,03 mm. besitzen, andere sind nur 0,02 mm., wieder andere dagegen, namentlich die gelappten Körper, sind bis zu 0,04 mm. gross.

Im frischen Zustand erkennt man in diesen Körpern nur einen central gelegenen Haufen von kleinen Fettkugeln, welche brombeerartig aneinander gelagert sind, dagegen ist eine Membran nicht nachweisbar, obwohl sich die homogene Substanz scharf gegen das umgebende körnige Protoplasma absetzt. Eine Membran fehlt auch bei Anwendung von Reagentien, von Chromsäure und Essigsäure. (Taf. II, Fig. 8.) Dagegen werden durch genannte Säuren in jedem Körper Kerne sichtbar, welche den grösseren Theil der Masse desselben ausmachen. Ihre Anzahl ist entweder eine beschränkte, dann sind die einzelnen Kerne von beträchtlicher Grösse bis zu 0,01 mm. oder es sind zahlreichere und dann kleinere Kerne vorhanden.

Ueber das Verhalten der Centralkapsel in den beschriebenen Fällen sind meine Beobachtungen nicht ausreichend. Es schien mir ihr Inhalt sich nicht von den gewöhnlichen Collozoumcentralkapseln zu unterscheiden und demgemäss aus Kernen und intracapsulärer Sarkode zu bestehen.

Was nun die Deutung der vorliegenden Beobachtungen anlangt, so scheint mir die grosse Aehnlichkeit, welche die homogenen Körper mit den Inhaltsportionen einer in der Vorbereitung zur Fortpflanzung befindlichen Collozoumcentralkapsel besitzen, ins Auge gefasst werden zu müssen. Wenn wir eine Centralkapsel, wie Fig. 3, Taf. I sie darstellt, zerzupfen würden, so würden wir ebenfalls homogene, aus Protoplasma und Kernen bestehende Körper mit centralen Oelkugeln oder Fettkörnchenhaufen erhalten, nur mit dem Unterschied, dass die Form eine andere ist. Letzteres kann nicht in Betracht kommen, da die Form durch die Umgebung bestimmt wird und es selbstverständlich ist, dass Körper, welche in einer Membran dicht gedrängt lagern, andere Gestalten annehmen, als Körper, welche sich unbehindert haben entwickeln können. Demnach bin ich geneigt anzunehmen, dass die Körper entstehen, indem in irgend welcher Weise die den Ausgangspunkt der Schwärmerentwicklung bildenden Kernhaufen mit umgebendem Protoplasma und centraler Oelkugel nach aussen gelangen und sich hier in der Umgebung der Centralkapsel weiter entwickeln. Die gelappten Formen deute ich als Theilungszustände, welche den Zerfall des Körpers in die einzelnen Schwärmer vorbereiten. Für diese Deutung spricht eine Beobachtung, welche ich leider nur einmal gemacht habe. Ich fand ausser gelappten Formen, wie ich sie geschildert habe, Körper, welche ein traubenförmiges Ansehen hatten, als ob sie in zahlreiche Stücke zerfallen wollten. (Taf. II, Fig. 7.) Ferner waren die Oeltropfen in einen Körnchenhaufen aufgelöst. Alles dies erinnert an die Vorgänge, welche wir bei der intracapsulären Entwicklung der Schwärmer schon kennen gelernt haben; indessen reicht es nicht aus, um die Frage mit Sicherheit zu entscheiden. Dies kann nur durch fortgesetzte Beobachtung erreicht werden, indem man die Colonieen mit extracapsulären Körpern in Uhrschälchen zu züchten versucht und dieselbe zeitweilig einer Controle unterwirft. Hierzu gehört indessen ein reiches Beobachtungsmaterial, welches mir leider fehlte.

Mit den geschilderten extracapsulären Körpern sind vielleicht die mit kleineren Oelkugeln in ihrem Innern versehenen Fettkörper identisch, welche HAECKEL in seiner Monographie erwähnt und auf Taf. XXXV, Fig. 13 abgebildet und auf Seite 149 beschrieben hat. Das starke Lichtbrechungsvermögen des homogenen Protoplasma kann leicht zur Täuschung Veranlassung geben, dass man aus Fett bestehende Theile vor sich hat. Was mir indessen die Vermuthung wieder etwas zweifelhaft macht, ist die Verschiedenheit des Auftretens und der Form. So gleichmässig runde Körper, wie sie HAECKEL abbildet, habe ich nie beobachtet, weiter waren die extracapsulären Körper, welche ich oben geschildert habe, viel zahlreicher als die Oelkugeln. welche HAECKEL abbildet.

Mit grosser Sicherheit lässt sich eine Beobachtung von JOH. MÜLLER[1] hier heranziehen. Dieselbe betrifft ein »Meerqualster, in dem kleine und sehr kleine Nester ganz in der Nähe der grösseren Nester gelagert waren, welche sich durch den Inhalt des Oeltropfens schon als junge Abkömmlinge derselben Colonie zu erkennen gaben«. Diese »kleinen und sehr kleinen Nester« sind höchst wahrscheinlich mit den von mir beobachteten extracapsulären Körpern identisch.

Ferner gehört vielleicht hierher eine Angabe CIENKOWSKI's über die »Entwicklung junger Centralkapseln aus dem strahlenden Protoplasma«, die ich hier wörtlich mittheile[2]. »Statt der gewöhnlichen, die Kapseln umhüllenden Protoplasmaschicht«, schreibt CIENKOWSKI, »sah ich oft viele dicht gedrängte Bläschen, die ganz das Ansehen von jungen Kapseln besassen. Sie waren von verschiedener Gestalt, oft in spitze Fortsätze ausgezogen, enthielten ein oder mehrere Oelbläschen und waren in reger Theilung begriffen. Um den ganzen, die alte Kapsel bedeckenden Haufen dieser Bläschen zog sich eine dünne Schleimschicht, der Rest des die Kapsel umhüllenden Protoplasma. Nach einigen Tagen traf ich an cultivirten Collozoen die erwähnten Bläschen an der Oberfläche der Colonie zerstreut und abgerundet, weiter liess

---

[1] l. c. pag. 5.
[2] l. c. p. 578.

sich ihre Entwicklung nicht verfolgen.« Die Abbildung, welche Cienkowski zu dieser Schilderung giebt (Fig. 29), stimmt mit dem, was ich gesehen habe, insofern nicht recht überein, als das starke Lichtbrechungsvermögen und die eigenthümlich runden und lappigen Formen der Körper in ihr nicht wiedergegeben sind. Auch besitzen die einzelnen Körper nur 1—2, selten 3 kleine Oelkugeln und nie die brombeerförmigen Oelkugelaggregate, wie ich sie in Fig. 7 abgebildet habe. Gleichwohl bin ich der Meinung, dass wir beide entsprechende Zustände vor Augen gehabt haben.

Was nun die Deutung anlangt, welche Cienkowski dem Befunde giebt, so habe ich Bedenken gegen dieselbe, die mir nicht unerheblich erscheinen. Würden in der That die Körper sich alle zu Centralkapseln entwickeln, so müsste eine ganz ausserordentliche Steigerung der Centralkapselanzahl einer Colonie mit einem Mal erfolgen, eine Steigerung ungefähr um das Zwanzigfache, da die extracapsulären Körper stets in sehr bedeutender Anzahl auftreten. Weder mir noch Cienkowski sind aber derartige Colonieen begegnet, bei denen neben grossen Muttercentralkapseln eine zahllose Menge kleiner Tochtercentralkapseln sich vorgefunden hätte. Wollte man aus den Körpern junge Centralkapseln ableiten, so müsste man wenigstens annehmen, dass sie die Colonie verlassen und selbst zum Ausgangspunkt neuer Colonieen werden. Ferner würden bei der Annahme der Ansicht Cienkowski's die eigenthümlich gelappten Formen der Körper völlig unerklärt bleiben.

Beobachtungen über die Entwicklung der übrigen polyzoen Radiolarien. Da mein Material an Collosphaeren und Sphaerozoen ein beschränktes war, sind die Beobachtungen über die Entwicklung derselben unvollständig geblieben. Immerhin genügen sie, um zu zeigen, dass im Grossen und Ganzen dieselben Verhältnisse wie beim Collozoum inerme vorliegen. Wie schon aus den Untersuchungen von Cienkowski hervorgeht, schliessen sich Collosphaera Huxleyi und Collosphaera echinata vollkommen an den in erster Linie beschriebenen Entwicklungsmodus von Collozoum inerme an. Nach meinen eigenen Beobachtungen bilden sich im Umkreis der Kerne, welche fast den ganzen Kapselinhalt erfüllen, crystallähnliche Stäbchen aus, die kleiner sind als die bei Collozoum beschriebenen und sich auch in ihrer Form von ihnen unterscheiden, da sie prismatisch und nicht in ihrer Mitte verdickt sind und an ihren beiden Enden durch schräggestellte Flächen abgestutzt werden. Durch den Zerfall des Kapselinhalts entstehen Schwärmer, welche grösser sind als die des Collozoum, im Uebrigen aber wie diese eine einfache Geissel, im vorderen Ende einen Kern, im hinteren den Crystall und die Fettkörnchen besitzen. Das blaue Pigment, das sich im Innern der Centralkapsel findet, wird nicht mit in die Schwärmeranlage herübergenommen, ebenso bleiben die grossen Coelestincrystalle in der entleerten Gitterkugel unverändert zurück. Ein zweiter Modus der Entwicklung durch Schwärmer ohne Crystalle, wie ich ihn vom Collozoum inerme geschildert habe, ist mir nicht zur Beobachtung gekommen. (Taf. II, Fig. 4.)

Dass sich ferner Sphaerozoum ganz so wie Collosphaera entwickelt, geht aus den Angaben HAECKEL's[1] hervor, welcher im Innern der Centralkapsel Crystalle und ausserdem Schwärmer mit Crystallen beobachtet hat. Die Schwärmerbildung habe ich an diesem Object nicht verfolgen können, da ich Sphaerozoon nur in wenigen Exemplaren zu Gesicht bekommen habe.

Beurtheilung der Beobachtungen über die Entwicklung des Collozoum.

Im Vorstehenden sind wir mit zwei Entwicklungsweisen des Collozoum inerme bekannt geworden, welche sich in recht erheblicher Weise von einander unterscheiden. Einmal ist die Form des Schwärmers verschieden. Das Endglied der an erster Stelle geschilderten Entwicklungsreihe ist eine ovale Schwärmspore mit einem eigenthümlichen crystallähnlichen Stäbchen und spärlichen Fettkörnchen, im zweiten Falle entsteht ein bohnenförmig gestalteter Schwärmer ohne irgend welche crystallähnliche Bildungen mit zahlreichen Fettkörnchen im hinteren Abschnitt. Gleichzeitig ist hier eine Differenzirung in Makro- und Mikrosporen erkennbar.

Ferner ist der Verlauf der Entwicklung ein verschiedener. Die Schwärmer mit Crystallen bilden sich, indem um jeden Kern die einzelnen Bestandtheile des Körpers sich ansammeln und dann die Centralkapsel nahezu gleichzeitig nach der Anzahl der Kerne in Stücke zerfällt. Der bohnenförmig gestaltete Schwärmer dagegen entsteht, indem zunächst die Centralkapsel, wie CIENKOWSKI es ausdrückt, sich in keilförmige Stücke theilt, von denen ein jedes seinen Antheil von dem vorhandenen Nahrungsmaterial der Oelkugeln und Fettkörnchen erhält. Diese keilförmigen Stücke erst zerfallen in die einzelnen Schwärmer. Auf einem bestimmten Stadium kann man daher kugelige Körper, bestehend aus unvollkommenen Schwärmeranlagen, isoliren.

CIENKOWSKI ist der Meinung, dass die Unterschiede zwischen der Entwicklung mit Crystall und der ohne denselben von keiner Bedeutung seien, und führt zum Beweis hierfür eine Beobachtung an, nach welcher in derselben Colonie ein Theil der Kapseln in der einen, ein anderer Theil in der anderen Weise sich entwickelt habe. Ich kann im Hinblick auf die durchgreifenden und constanten Unterschiede, welche sich nicht allein im Bau, sondern auch in der Entwicklungsweise des Schwärmers ergeben, der Ansicht CIENKOWSKI's nicht beistimmen. Ebensowenig kann ich seine Angaben bestätigen, dass die einzelnen Kapseln einer und derselben Colonie einen verschiedenen Entwicklungsgang besitzen können. Vielmehr ist mir immer aufgefallen, wie gleichförmig die Fortpflanzung bei den einzelnen Individuen derselben Colonie verläuft, wie alle Theile fast genau die gleiche Stufe und jedenfalls die gleiche Form der Entwicklung einhalten. Sollte hier nicht vielleicht Seitens CIENKOWSKI's ein Irrthum insofern vorliegen, als er zwei verschiedene, aber zufällig verklebte Colonieen für eine einzige gehalten hat? Bekanntlich verkleben die polyzoen Radiolarien sehr leicht mit einander und ist die Vereinigung der beiden Theile häufig dann eine so innige, dass man die Verklebung nur an der Verschiedenheit der beiden Organismen erkennen kann.

Wenn wir nunmehr auf Grund obiger Erwägungen den geschilderten Unterschieden

---

[1] Radiolarien, pag. 142.

der beiden Schwärmerformen eine grössere Bedeutung beimessen, so fragt es sich weiter, ob denselben eine Verschiedenheit der Species zu Grunde liegt, d. h. ob unter dem gemeinsamen Namen Collozoum inerme zwei ähnlich gestaltete Arten zusammengefasst werden, oder ob wir es mit zwei verschiedenen Entwicklungsweisen einer und derselben Species zu thun haben. Trotz aller auf die Beantwortung dieser Frage gerichteten Bemühungen bin ich zu keinem bestimmten Resultat gelangt, glaube aber, dass das erstere der Fall ist, wenn es mir auch nicht geglückt ist, im Bau der Centralkapseln Unterschiede zu entdecken, welche auch ohne Berücksichtigung der Entwicklungsgeschichte beide Arten scharf auseinander zu halten erlaubten. Ich kann hier nur das Eine hervorheben, dass in den Fällen, in denen die Schwärmer mit Crystallen zur Entwicklung kamen, die Centralkapseln durchgängig eine kugelige, runde Gestalt besassen, dass dagegen ovale und langgestreckte Kapseln die zweite Schwärmerform ausbildeten, dass ferner letztere im Durchschnitt grösser waren als erstere. Wenn dies nun auch keine systematisch verwerthbaren Merkmale sind, so müssen wir doch berücksichtigen, dass die systematische Unterscheidung so primitiver Formen mit vielen Schwierigkeiten zu kämpfen hat. Auch Haeckel hat die drei von ihm aufgestellten Arten von Collozoen nicht scharf zu unterscheiden vermocht, und ob sich die von ihm gemachten Unterschiede werden aufrecht erhalten lassen, ist mir sehr zweifelhaft.

Nicht ohne Interesse für die uns hier beschäftigende Frage ist eine Bemerkung, welche J. Müller hinsichtlich der Artunterscheidung bei seinem Sphaerozoum inerme (identisch mit Haeckel's Collozoum inerme) macht. »Man findet«, äussert sich Müller pag. 5, »die Sphaerozoen ohne Spicula mit sehr abweichenden Nestern, welche auf Entwicklungsstadien schwer zu deuten sind. Auffallend ist schon die langgezogene Form der Nester in manchen Meerqualstern ohne Spicula, während sie in anderen Fällen die gewöhnliche sphaerische Form besitzen.« Es scheint demnach schon J. Müller hinter diesen verschiedenen Formen der Centralkapseln verschiedene Arten vermuthet zu haben, eine Vermuthung, die durch die mitgetheilten entwicklungsgeschichtlichen Beobachtungen weitere Stützpunkte gewinnen würde.

Die beiden geschilderten Entwicklungsweisen stimmen darin überein, dass alle Theile des Körpers (Oelkugeln, gelbe Zellen, extracapsuläre Sarkode) zur Bildung des Schwärmers aufgebracht werden und dass somit das Mutterthier sich völlig in die Tochterorganismen auflöst. Hieraus folgt, dass die Centralkapsel nicht als Fortpflanzungsorgan gedeutet werden kann, da an der Fortpflanzung alle Theile des Radiolars Theil nehmen und für sie somit kein besonderer Apparat differenzirt ist. Wenn die einzelnen Vorgänge sich vorwiegend im Innern der Centralkapsel abspielen, so hat dies darin seinen Grund, dass dieselbe den »Kern« des ganzen Organismus bildet. Zu derselben Auffassungsweise hatte uns früher schon die morphologische Betrachtung der Centralkapsel geführt.

Beiden Entwicklungsweisen fernerhin gemeinsam und für die histologische Beurtheilung derselben von der grössten Bedeutung ist das Verhalten der Kerne. Dieselben wirken im ganzen Verlauf des Processes wie Attractionscentren, insofern einmal in ihrem Umkreis sich die einzelnen Theile der Schwärmer anlagern, weiterhin nach ihrer Anzahl der Inhalt der Centralkapsel sich in Stücke, die einzelnen Schwärmeranlagen, theilt. Die Schwärmerbildung der Radiolarien ist somit ein Vorgang, der auf die Zelltheilung zurückgeführt werden muss und sich am meisten der freien Zellenbildung der Botaniker anschliesst, die sich wohl auch nur als eine sehr beschleunigte Zelltheilung wird auffassen lassen.

Endlich müssen wir noch als ein Ergebniss der entwicklungsgeschichtlichen Untersuchung hervorheben, dass der Schwärmer der Radiolarien den Formwerth einer einzigen Zelle besitzt und hierin mit den Schwärmerformen übereinstimmt, die wir bei anderen Rhizopoden kennen gelernt haben. Durch das Studium der Schwärmerbildung der Radiolarien hat somit die Auffassung der wasserhellen Bläschen als echter Zellkerne weitere Stützpunkte gefunden.

B. Ueber den Bau und die Entwicklung der Thalassicolliden.
(Thalassicolla nucleata und Thalassolampe margarodes.)

Die Familie der Thalassicolliden war in Ajaccio sowohl als auch in Villafranca nur durch zwei Arten, die Thalassicolla nucleata und Thalassolampe margarodes vertreten. Bei beiden wurde der Untersuchung im frischen Zustande durch den Mangel an Material Beschränkung auferlegt, welche hier um so empfindlicher wurde, als die grossen monozoën Radiolarien einestheils durch ihre Dimensionen der Untersuchung Hindernisse bereiten, anderntheils wegen der grösseren Complication ihres Baus das Verständniss erschweren. Nothwendigerweise mussten so in der Untersuchung erhebliche Lücken bleiben und es würde meine Auffassung vom Bau der monozoën Radiolarien, die ich am Meere gewonnen hatte, eine hypothetische geblieben sein, wenn ich sie nicht an dem reichen von Herrn Dr. Fahr stammenden Spiritusmaterial von Thalassicolla nucleata hätte weiterhin sicher stellen können. Ich beginne meine Schilderung mit der Thalassicolla als der bei weitem am eingehendsten von mir untersuchten Art.

1. Ueber den Bau und die Entwicklung der Thalassicolla nucleata.

Die Thalassicolla nucleata wurde von Huxley entdeckt und genauer beschrieben. Huxley beobachtete die Centralkapsel und die dieselbe umhüllende Alveolenschicht. Im Centrum der Centralkapsel fand er das Binnenbläschen, welches er geneigt ist als Nucleus zu deuten; als weitere Inhaltsbestandtheile nennt er Oelkugeln und »eigenthümliche Zellen« (die Eiweisskugeln) mit einem centralen Körper (dem Concrement), den er für einen Nucleus hielt. Auch die von der Peripherie ausstrahlenden Pseudopodien blieben ihm nicht unbekannt, und beobachtete er sogar die Körnchenströmung an denselben. Mit richtigem Takt vergleicht Huxley die ganze Thalassicolla nucleata einer einzelnen Zelle (Centralkapsel) seiner Thalassicolla punctata, unter welchem Namen er die verschiedensten Arten der Familie der Sphaerozoïden zusammenfasst.

Später entdeckte Joh. Müller im Innern des Binnenbläschens, welches er als eine »sehr durchsichtige und dünnwandige Zelle« bezeichnet, »zahlreiche äusserst blasse und durchsichtige und daher schwer sichtbare kleine sphärische Körperchen«; von anderweitigen Inhalts-

6*

bestandtheilen erwähnt er nur die Oelkugeln. In ähnlicher Weise wie bei Sphaerozoum stellt er die Existenz einer extracapsularen Gallerte in Abrede und lässt die Aussenschicht aus Alveolen bestehen, welche von einer besonderen Membran umgeben sind und durch die Fäden der Pseudopodien unter einander verbunden werden.

In seiner ersten Mittheilung über Thalassicolla nucleata [1] schilderte Schneider ausser dem Binnenbläschen und den Oelkugeln die schon von Huxley beobachteten Eiweisskugeln, in welchen entweder geschichtete Concretionen oder Haufen von Crystallen sich vorfanden. Die Umhüllungsmembran der Centralkapsel erwies sich meistens als getüpfelt und mit regelmässigen polyedrischen Zeichnungen bedeckt, deren Conturen ihm von stellenweisen Verdickungen herzurühren schienen. In seiner zweiten Arbeit zeigte dann Schneider weiterhin, dass man eine Kapsel aus ihrer Umhüllung enucleiren könne, ohne hierdurch den Organismus abzutödten und dass sogar die gesammte extracapsulare Masse vom Inhalt der Kapsel aus neu gebildet werde; er kam daher zum Schluss, dass die Centralkapsel allein den wichtigen Köperbestandtheil bilde, während alle extracapsularen Theile nur eine besondere Form der herausgetretenen intracapsularen Sarkode vorstellen.

Die genaueste Schilderung der Thalassicolla nucleata verdanken wir Haeckel. Hinsichtlich des Verhältnisses, in dem die Centralkapsel und der extracapsulare Weichkörper zu einander stehen, folgt derselbe der Auffassung von Joh. Müller, indem er die Existenz der Gallerte im frischen Zustande in Abrede stellt, den Alveolen dagegen besondere Membranen zuschreibt. Von den Oelkugeln und Concretionen giebt er genaue Schilderungen, namentlich macht er auf Bilder aufmerksam, welche eine Vermehrung der Concretionen durch Theilung wahrscheinlich erscheinen lassen. Den wichtigsten von Haeckel herbeigeführten Fortschritt erblicke ich in der Angabe, dass auch bei Th. nucleata, wie bei allen übrigen Radiolarien, wasserhelle Bläschen vorkommen. Haeckel schildert sie als mit besonderen Membranen versehene Flüssigkeitsräume, deren Zahl im umgekehrten Verhältniss zur Masse der umgebenden zähflüssigen Substanz steht. Gewöhnlich sollen sie sich maulbeerförmig gruppiren, durch grosse Vermehrung der Eiweisskugeln jedoch unter Umständen so verdeckt werden, dass man dann nur mit Mühe einige wenige Bläschen herauszufinden vermag.

Bei der Darstellung meiner eigenen Beobachtungen folge ich im Allgemeinen der bei den Collozoen eingehaltenen Anordnung und bespreche zunächst die Centralkapsel und darnach den extracapsularen Weichkörper. Dagegen habe ich darauf verzichtet, die Schilderung des Baus und die Schilderung der Entwicklung auseinander zu halten. Denn die Processe, welche schliesslich zur Schwärmerbildung führen, beginnen so allmählig, dass es schwer fallen möchte, eine Grenze zu finden, von der an man die Entwicklungsgeschichte beginnen könnte.

---

[1] In Uebereinstimmung mit Haeckel halte auch ich die Th. coerulea Schneider's mit der Th. nucleata identisch.

45

A. Centralkapsel.

Die Centralkapsel der Thalassicolla lässt sich ohne Mühe aus der sie umhüllenden schwarzen Pigmentschicht als eine hellgelbliche Kugel unversehrt herausschälen. Mat hat diesen die Untersuchung wesentlich erleichternden Umstand der grossen Dicke der Kapselmembran zu verdanken. Aus gleichem Grunde eignet sich bei keinen Radiolarien die Kapselmembran so sehr zu einem Studium ihrer feineren Stuctur, wie bei Thalassicolla nucleata. Mit dieser Structur haben uns schon die Untersuchungen von Schneider und Haeckel bekannt gemacht und kann ich mich einfach auf eine Bestätigung der Angaben derselben beschränken. Die Membran wird von zahlreichen Canälen durchbohrt, welche von der Fläche gesehen unter dem Bilde einer feinen Tüpfelung, auf dem optischen Querschnitt als senkrecht die Dicke der Membran durchsetzende Streifen erscheinen. Ausserdem zeichnet sich die Membran durch leistenartige Verdickungen aus. Dieselben bilden meist polygonale Felder, die täuschend einem Plattenepithel ähneln, seltener maeandrisch gewundene Linien. Haeckel's Abbildung (Fig. 4, Taf. III) giebt eine naturgetreue Darstellung dieser Verhältnisse.

Im Innern der Centralkapsel fand ich die schon durch die Untersuchungen früherer Autoren bekannt gewordenen Theile: 1. das Binnenbläschen, 2. die intracapsulare Sarkode, 3. Eiweisskugeln mit verschiedenartigen Einschlüssen, 4. einfache Fettkugeln, 5. wasserhelle Bläschen. In den meisten Fällen waren alle diese Theile gleichzeitig vorhanden, in einigen Fällen schienen einige zu fehlen (z. B. einmal das Binnenbläschen, ein anderes Mal die wasserhellen Bläschen), allein bei der Schwierigkeit der Untersuchung konnte die Möglichkeit, dass sie übersehen worden waren, nicht ohne Weiteres in Abrede gestellt werden.

Die meisten der genannten Bestandtheile kann man zu Gesicht bekommen, ohne die Centralkapsel zu zerstören. Es genügt hierzu die enucleirte und vom Pigment völlig gereinigte Centralkapsel durch einen gelinden vom Deckgläschen ausgeübten Druck vorsichtig abzuplatten. Wenn man eine derartige abgeplattete Centralkapsel bei durchfallendem Licht betrachtet, so erblickt man zunächst zahlreiche regelmässig angeordnete Kugeln, welche durch schmale Brücken eines trüben, gelblichen Protoplasma von einander getrennt werden und dunkle Einschlüsse enthalten. Es sind dies die Eiweisskugeln, die in ihnen enthaltenen Einschlüsse entweder Oelkugeln oder Concremente. Zwischen den Eiweisskugeln unregelmässig zerstreut finden sich dunkle Oelkugeln, welche direct dem Protoplasma eingebettet sind. Verstärkt man den Druck und stellt tiefer ein, so bekommt man das Binnenbläschen zu Gesicht als eine völlig farblose Blase und kann, wenn man kleinere Thalassicollen beobachtet, sogar den Inhalt desselben einer Prüfung unterziehen.

Um die einzelnen Bestandtheile genauer untersuchen zu können, muss man die Kapselmembran anstechen und den ausfliessenden Inhalt entweder frisch in Meerwasser oder in Chromsäure durchmustern.

Das Binnenbläschen fand ich ganz so wie es schon frühere Beobachter geschildert haben. als einen völlig durchsichtigen wasserhellen Körper im Centrum der Centralkapsel. Es wird von einer zarten Membran umgeben, welche von der Oberfläche betrachtet dieselbe Tüpfelung erkennen lässt, wie die Membran der Centralkapsel, nur viel feiner, als sie bei dieser ist. Bei zwei kleinen Thalassicollen, deren Centralkapsel ungefähr 0,5 mm. im Durchmesser betrug, konnte ich es in seiner natürlichen Lage untersuchen, indem ich die enucleirte Centralkapsel durch vorsichtigen Druck abplattete: ich konnte hierbei sogar ein starkes System wie Zeiss F zur Untersuchung verwenden. Das Binnenbläschen (Taf. III, Fig. 11) war in diesen Fällen ungefähr 0,18 mm. gross. In seinem wasserklaren Inhalt befand sich ein eigenthümlicher, maeandrisch gewundener Körper, welcher den Binnenraum zu einem grossen Theil erfüllte. Derselbe hatte ganz das Ansschen eines verästelten Zellkerns, wie man ihn im Innern vieler Zellen der Insectengewebe beobachtet. Er wurde von dicken, stellenweise varicös angeschwollenen Strängen gebildet, welche nach der Peripherie zu sich mehrfach verästelten, nach dem Centrum dagegen sich zu vereinigen schienen. Die Stränge bestanden aus einer homogenen Masse, deren Oberfläche von dunklen, stark lichtbrechenden Körnchen überzogen war. Bei länger fortgesetzter Beobachtung lösten sie sich in einzelne kleinere Körper auf. ein Zerfall der wahrscheinlich durch das Absterben bedingt war.

Als ich die Centralkapsel eröffnete und ihre herausgetretenen Einschlüsse mit Chromsäure behandelte, wurde der wasserklare Inhalt des Binnenbläschens trübe und feinkörnig und die Binnenkörper gerannen zu einer homogenen, gelblichen Masse; bei Carminfärbung nahm ersterer schnell eine dunkelrothe Färbung an, noch intensiver und schneller färbten sich jedoch letztere.

Bei allen übrigen Thalassicollen habe ich keine Binnenkörper im Binnenbläschen auffinden können. Da die Centralkapsel bei denselben zu gross war, um in toto untersucht zu werden, musste ich das Binnenbläschen durch Zerzupfen isoliren. Dasselbe war beträchtlich gewachsen und besass einen Durchmesser von ungefähr 0,4 mm. Sein Inhalt bestand nur aus der durchsichtigen, in Chromsäure körnig gerinnenden, in Carmin sich stark imbibirenden Masse. Ebenso lauten die Angaben Haeckel's und Schneider's. Dagegen hat Joh. Müller, wie ich schon hervorgehoben habe, Binnenkörper in derartigen Binnenbläschen beobachtet. »Die centrale Zelle«, heisst es pag. 4 seiner Abhandlung, »ist sehr durchsichtig und dünnwandig und enthält noch wieder viele äusserst blasse und durchsichtige und daher sehr schwer sichtbare kleine sphärische Körperchen.« Ich komme später noch einmal auf diese Beobachtung zurück.

Die intracapsulare Sarkode ist, wie sie Haeckel schildert, eine an Fettkörnchen reiche, zähe Masse. Beim Zerzupfen ballt sie sich um die Körper, die in ihr eingebettet sind, zusammen und erschwert hierdurch die Untersuchung derselben Taf. III, Fig. 10). Die zahlreichen Fettkörnchen verleihen ihr ein trübes, gelbliches Ansschen, wodurch sie sehr gegen die helle, durchsichtige Sarkode der meisten Radiolarien contrastirt.

Bei der Untersuchung der Eiweisskugeln muss man Rücksicht darauf nehmen, dass man hier mit sehr delicaten Gebilden zu thun hat, welche sich weder in Seewasser noch in Reagentien lange erhalten. Nach einiger Zeit lösen sie sich auf und scheinen unter dem Auge des Beobachters spurlos zu verschwinden. Zögert man zu lange mit der Untersuchung des Zerzupfungspräparats, so begegnet man keinen Eiweisskugeln mehr, dagegen massenhaft den frei gewordenen Einschlüssen derselben. Diese sind entweder einfache Oelkugeln oder Concremente eigenthümlicher Art. Die Oelkugeln, wie sie ausserdem noch frei im Protoplasma vorkommen, sind farblose Körper, die Concremente dagegen lassen einen eigenthümlichen Bau erkennen (Taf. III, Fig. 9). Sie sind in ganz ähnlicher Weise wie Stärkekörner geschichtet, indem um ein centrales Korn abwechselnd dunklere und hellere Schichten abgelagert sind. Wo nur ein centrales Korn vorhanden ist, da ist die Form der Concretion eine kugelige; es trifft dieses in der Mehrzahl der Fälle ein. Wie bei den Stärkekörnern, so können aber auch 2 und 3 Körner in demselben Concremente die Mittelpunkte der Schichtenbildung abgeben. Dann kommen bisquitförmig eingeschnürte und 3lappige Figuren zu Stande. HAECKEL erwähnt sogar Formen, bei denen sich bis zu 6 centrale Körner ausgebildet hatten. Was nun diese Concretionen im Vergleich zu den Stärkekörnern auszeichnet, ist die Eigenthümlichkeit, dass ihre Schichtung überall da, wo sie um 2 oder 3 Mittelpunkte erfolgt, nur auf einer Seite von denselben entwickelt ist; es fehlen die Schichten zwischen den Mittelpunkten, so dass letztere stets dicht bei einander lagern, während sie bei den Stärkekörnern im Verlauf des Wachsthums auseinander gedrängt werden. An den Stellen, wo die 2 oder 3 Schichtensysteme aufeinander stossen, werden sie durch eine scharfe Linie von einander getrennt, was den Concrementen den Anblick von Körpern gewährt, welche in Theilung begriffen sind.

Die Concretionen sind sehr stark lichtbrechend und erscheinen in Folge dessen fast schwarz. In Haematoxylin imbibiren sie sich intensiv, ebenso, wenn auch schwächer, in Carmin. Wie HAECKEL schon erwähnt, lösen sie sich ohne Gasentwicklung in Säuren, selbst in Essigsäure, wenn man dieselbe nur längere Zeit einwirken lässt[1]. Bei der Lösung bleibt ein dünnes Häutchen übrig, welches HAECKEL schon aufgefallen war. Es ist nach diesen Angaben wahrscheinlich, dass die Concretionen aus einer organischen Grundlage bestehen, in der anorganische Bestandtheile (Kalk) abgelagert sind. Spiessförmige, zu Garben vereinigte Crystalle, wie sie HAECKEL und SCHNEIDER beschreiben, habe ich nie gesehen.

Die wasserhellen Bläschen sind homogene, in Chromsäure gerinnende rundliche Körper; meistens sind sie von Ballen des fettkörnchenreichen Protoplasma so dicht umschlossen, dass ihr Nachweis mit grossen Schwierigkeiten zu kämpfen hat (Taf. III, Fig. 10). Namentlich wollten mir Imbibitionen nicht gelingen, weder mit Carmin noch mit Haematoxylin. Gleich-

---

[1] Bei den meisten meiner in Essigsäurecarmin gefärbten Präparate sind die Concretionen mehr oder minder bis auf ein zartes schwachgefärbtes Substrat gelöst. An letzterem sieht man keine Schichtung mehr. Dieselbe verschwindet in demselben Maasse, als durch Entwicklung der Säure die löslichen Theile entfernt werden.

48

wohl kann kein Zweifel sein, dass auch sie, wie die wasserhellen Bläschen der Collozoen, als Kerne angesehen werden müssen. Es geht dies zweifellos aus den Untersuchungen, welche ich an Spiritusmaterial angestellt habe, wie wir im Folgenden näher sehen werden, hervor.

Auch über die Verbreitung der Kerne bin ich bei der Untersuchung frischer Thalassicollen nicht ins Klare gekommen. Wie schon HAECKEL angiebt, gelingt ihr Nachweis nur unvollkommen da, wo viele Oelkugeln und Concretionen vorhanden sind, weil sie von diesen verdeckt werden. In einigen Fällen schienen mir Kerne völlig zu fehlen, in andern war fast die ganze Kapsel von ihnen erfüllt, in andern endlich schienen nur wenige vorhanden zu sein. Da auch hier die Untersuchung des Spiritusmaterials viel sicherere und zuverlässigere Beobachtungen ergeben hat, werde ich mich mit diesen kurzen Angaben begnügen und genauere Mittheilungen erst weiter unten machen.

Noch eines Befundes an einem lebenden Object habe ich endlich hier Erwähnung zu thun, welcher mir von ganz besonderem Interesse war. Denselben lieferte mir eine kurz vor meiner Abreise von Villafranca eingefangene Thalassicolla von ungewöhnlicher Grösse, deren Inhalt in Schwärmerbildung begriffen war. Während die extracapsularen Theile nichts Besonderes erkennen liessen, fiel mir die Centralkapsel schon beim Enucleiren durch ihre weissliche Farbe auf. Als ich sie anstach, entleerten sich zahlreiche reife und unreife Schwärmer, welche im Allgemeinen den Schwärmern ohne Crystalle der Collozoen ähnelten (Taf. III, Fig. 14). Sie waren alle von ein und derselben Grösse und besassen eine ovale etwas bohnenförmige Gestalt mit einem seitlichen am vordern Theil befindlichen Vorsprung, an dem die einfache Geissel sass: das vordere Ende liess schon im frischen Zustand eine kernähnlich aussehende Stelle erkennen, welche durch Gerinnung in Osmiumsäure oder Chromsäure deutlicher wurde. Das hintere Ende bestand aus körnigem Protoplasma und enthielt zahlreiche Fettkörnchen. Die unreifen Schwärmer besassen eine etwas abweichende Gestalt. Die Geissel fehlte hier noch, das Ende in dem der Kern lagerte, war verbreitert, das andere Ende spitzte sich zu. Zahlreiche derartige unreife Schwärmer waren dann weiterhin zu Ballen vereint und zwar so, dass die körnige Spitze nach innen gerichtet war, das homogene, kernführende Ende nach aussen (Taf. III, Fig. 12). Die Hauptmasse des Centralkapselinhalts wurde von derartigen, aus zusammengeballten Schwärmeranlagen bestehenden Haufen gebildet. Dieselben waren bald rund, bald langgestreckt wurmförmig gestaltet. Ihre inneren Partieen waren feinkörnig, die nach aussen liegenden Theile, in denen die Kerne sich befanden, durchsichtig.

Ein Binnenbläschen habe ich in dem untersuchten Exemplar nicht entdecken können, doch muss die Möglichkeit im Auge behalten werden, dass es vorhanden war und nur zufällig unter den zahlreichen anderen Inhaltsbestandtheilen sich meiner Beobachtung entzogen hatte. Dagegen fehlten zweifellos die Oelkugeln: wenn wir bedenken, dass dieselben auch bei den Sphaerozoen während der Schwärmerbildung verbraucht werden, so ist das Fehlen derselben im vorliegenden Falle sehr begreiflich.

Die Anzahl der Concremente war sehr vermindert; ein Theil derselben offenbar in

Zerfall begriffen. Es fanden sich Concremente, bei denen nur noch die centralen Theile erhalten waren, während Körnchenhaufen die Stelle der äusseren Schichten einnahmen. Bei anderen fehlte eine Seite ganz oder wenigstens zum grössten Theil. Auch die Concremente werden somit bei der Schwärmerbildung resorbirt (Taf. III, Fig. 13).

Die gelben Zellen waren im vorliegenden Falle noch erhalten. Wenn man erwägt, dass die Schwärmer noch zum grössten Theil weit von der Reife entfernt waren und dass auch bei den Collozoen der Zerfall auf einem spätern Stadium eintritt, so ist auch hier die Möglichkeit gegeben, dass die gelben Zellen noch später am Entwicklungsprozess sich betheiligen.

Durch die hier mitgetheilten Beobachtungen werden die Angaben, welche Schneider[1] über Schwärmerentwicklung bei Thalassicolla nucleata gemacht hat, bestätigt und vervollständigt. Schneider fand die Centralkapseln mancher Thalassicollen zum grossen Theil von »dicht aneinander gedrängten Ballen einer krümlichen Substanz« erfüllt. »Diese Ballen umschlossen helle Körperchen, welche eine schwache zitternde Bewegung zeigten. Bei starker Vergrösserung sah man sowohl kleinere Fortsätze auftreten und verschwinden, als auch constante längere fadenförmige Fortsätze, welche sich geisselartig bewegten«. Diese »amoebenartigen« Körperchen sollen nicht immer vorhanden gewesen sein. Eine Deutung seiner Befunde hat Schneider damals nicht gegeben. — —

Die hier mitgetheilten durch die Untersuchung lebender Objecte gewonnenen Resultate erfahren eine wesentliche Ergänzung durch die Beobachtungen, welche ich an dem in Spiritus conservirten Material anstellen konnte; ich benutzte dasselbe, um mich mit Hilfe von Querschnitten über die genauen Lagerungsbeziehungen und den Bau der einzelnen Theile zu informiren. Hierbei verfuhr ich in folgender Weise: die Thalassicollen wurden zwischen zwei Leberstücken eingeschlossen, von denen das eine mit einem Ausschnitt versehen war, gerade gross genug, um das Object zu bergen. Um beim Fixiren keinen Druck anwenden zu müssen, wurde die zur Aufnahme dienende Furche zunächst mit dünnem Gummiglycerin ausgefüllt und in dieses die Thalassicolla eingelegt. Das ganze Präparat wurde dann weiter in Brennspiritus erhärtet. Bei diesem Verfahren backen die umhüllenden Leberstückchen, das gerinnende Gummiglycerin und das eingebettete Object zu einer sehr bequem schneidbaren Masse zusammen. — Um Uebersichtspräparate anzufertigen oder um mit dem Bau der Alveolenhülle bekannt zu werden, muss man die ganze Thalassicolla einbetten; zur feineren Untersuchung des Centralkapselinhalts dagegen empfiehlt es sich, die Kapseln zuvor zu enucleiren, was an in Spiritus erhärteten Exemplaren leicht gelingt. Wenn der ganze Körper eingebettet wurde, so war es unmöglich, durch die Centralkapsel feinere Schnitte zu legen, da der in Folge der Erhärtung geschrumpfte Kapselinhalt sich von der Membran zurückgezogen hat und dem Messer beim Schneiden ausweicht.

---

[1] Arch. f. Anat. u. Physiol. Jahrg. 1858, pag. 41.

Indem ich in der geschilderten Weise die Centralkapseln von ungefähr 30 Thalassicollen zu Querschnitten aufbrauchte, gewann ich erst einen Einblick in den Bau dieses in der Collidengruppe so eigenthümlich differenzirten Gebildes und wurde mir über Vieles klar, was ich bei der Untersuchung lebender Objecte nicht hatte in Einklang bringen können. Durch Benutzung des reichen Materials, welches mir vorlag, überzeugte ich mich namentlich, was für tiefgreifende Unterschiede zwischen den einzelnen Zuständen der Thalassicollen bestehen. Bei einer ganzen Anzahl fehlten die Eiweisskugeln, während sie bei anderen vorhanden waren. Das Binnenbläschen war zwar stets erkennbar, im Einzelnen aber ganz ausserordentlich verschieden gebildet. Vor allen Dingen aber überraschte mich, dass Körper, die man den Kernen der Collozoen hätte vergleichen können, wohl ungefähr der Hälfte der Thalassicollen vollkommen abgingen, während sie in anderen Fällen wieder mühelos nachgewiesen werden konnten. Es ist dies letztere jedenfalls der wichtigste Unterschied, den ich beobachtet habe, und werde ich daher, da die Mannigfaltigkeit der Bilder eine Gruppirung des Materials wünschenswerth erscheinen lässt, bei der Besprechung meine Beobachtungen so anordnen, dass ich zunächst die Centralkapseln ohne Kerne und dann erst diejenigen mit Kernen schildere.

a. Thalassicollen mit Binnenbläschen, aber ohne Kerne.

Wenn man eine Thalassicolla successive in Schnitte zerlegt, so erhält man die erste Zeit über nur Präparate von der intracapsulären Sarkode und ihren Einschlüssen, den Fett- und Concrementkugeln; erst nach einer Reihe von Schnitten trifft man auf das genau central gelegene Binnenbläschen, das so gross ist, dass man mit leichter Mühe eine ganze Anzahl Querschnitte durch dasselbe legen kann. Da nun der ganze Kapselinhalt im Wesentlichen concentrisch um das Binnenbläschen angeordnet ist, so muss ein Schnitt durch das letztere Alles bieten, was für die Kenntniss von Bedeutung ist.

In der Mitte eines derartigen Schnittes (Taf. IV, Fig. 1), liegt das Binnenbläschen, dessen im frischen Zustand wasserklarer Inhalt in Folge der Einwirkung des Alkohol feinkörnig geronnen ist. Dasselbe hat eine im Grossen und Ganzen kugelige Gestalt und wird von einer deutlich doppelt contourirten Membran umgeben, in der man mit starken Vergrösserungen Andeutungen von Porencanälen erkennen kann. Auf der Oberfläche finden sich seichte Eindrücke und Einbuchtungen, die wir jedenfalls als eine Folge der durch die Erhärtung hervorgerufenen Schrumpfung betrachten müssen. Die Grösse beträgt etwas über $\frac{1}{3}$ der Grösse der ganzen Centralkapsel und schwankt je nach dem Durchmesser der letzteren von 0,3—0,5 mm.

Bei keinem der von mir beobachteten Fälle fehlten in dem Binnenbläschen die Binnenkörper. Dieselben sind homogen und besitzen an Spirituspräparaten ein sehr starkes, fast fettähnliches Lichtbrechungsvermögen, durch welches sie sich so scharf gegen die körnige Umgebung absetzen, dass man sie selbst an dickeren Schnitten nicht leicht übersieht. In gewöhnlichem Carmin und in Beale's Carmin färben sie sich häufig schwer, wie dies ja bei Spirituspräparaten öfters vorkommt. Dagegen imbibiren sie sich sehr intensiv, viel dunkler als die umgebende körnige Masse in dünnem Haematoxylin und in Essigsäurecarmin. Namentlich leistet letzteres Reagens vortreffliche Dienste, indem es auch die feinsten Fortsätze der Binnenkörper deutlich macht. — Der übrige Inhalt des Binnenbläschens färbt sich schwächer als die Binnenkörper, aber stärker als das umgebende Protoplasma. Es bestätigen sich so die Resultate, die wir schon beim Studium lebender Objecte gewonnen haben.

In der Mehrzahl der Fälle sind die Binnenkörper auf eine Stelle beschränkt, die, wenn man sie sich scharf umgrenzt vorstellen wollte, was für gewöhnlich nicht zutrifft, ungefähr Kugelgestalt besitzen würde. Im Bereich derselben ist die körnige Grundsubstanz dichter und färbt sich bei Anwendung von Reagentien stärker als die Umgebung. Diese Stelle lag etwas excentrisch, wie es aus der Zeichnung 2, Taf. IV ersichtlich ist, einmal sogar dicht unter der Membran des Binnenbläschens.

Die Formen der Binnenkörper waren sehr verschiedenartig. Bei den meisten untersuchten Thalassicollen waren sie langgestreckt strangförmig und an einem Ende, ganz so, wie ich es vom Nucleus der Podophrya gemmipara geschildert habe, kolbig angeschwollen, während das andere Ende sich zu einem feinen Fädchen auszog. (Taf. IV, Fig. 5.) Verästelungen waren häufig und konnten sich mehrfach wiederholen, Anastomosen zwischen den einzelnen Aesten fehlten dagegen stets. Die Anordnung der von den Binnenkörpern gebildeten Stränge war eine eigenthümliche. Einige Male schienen sie von einem gemeinsamen Punkt aus zu entspringen, der jedoch nicht im Centrum der von ihnen eingenommenen Figur, sondern vollkommen peripherisch lag. (Fig. 5.) Bei der Betrachtung mit starken Vergrösserungen sah man dann von einen Centrum feine Stränge ausstrahlen, die sich im weiteren Verlauf verdickten und verästelten. (Taf. V, Fig. 7.) Dieselbe strahlige Anordnung liess auch die körnige Grundsubstanz erkennen. — In anderen Fällen bildeten die Stränge eine ungefähr kreisförmige Figur, eine Anordnung, die besser als jede Schilderung die Figur 1 auf Tafel IV erklärt.

Ich halte es nun für sehr wahrscheinlich, dass die strangförmigen Binnenkörper aus einem Zerfall der Binnenfigur (Taf. III. Fig. 11), die wir im frischen Zustand kennen gelernt haben, entstanden sind, da vieles in ihrer Anordnung an letztere erinnert. Es wäre denkbar, dass dieser Zerfall schon am lebenden Thiere als ein normaler Entwicklungsvorgang sich vollzogen hat, es wäre aber auch möglich, dass derselbe erst durch das conservirende Reagens hervorgerufen wurde; denn wie ich schon früher hervorgehoben habe, ist die Binnenfigur sehr zart und zerfällt leicht in einzelne kleinere Stücke.

An die geschilderten Thalassicollen schliessen sich Formen an, bei denen die Stränge der Binnenkörper sich in kleinere rundliche Stücke aufgelöst haben. Letztere sind nicht selten noch wie die Glieder eines Rosenkranzes an einander gereiht und hängen durch dünne Verbindungsfädchen zusammen (Taf. IV, Fig. 1 u. 4), meistens sind sie jedoch völlig getrennt (Taf. IV, Fig. 2 u. 4); sie sind bald zahlreich und klein, bald in geringerer Menge und dann grösser, oder man findet kleinere und grössere Körper in demselben Binnenbläschen. — Bei

7*

einer Thalassicolla war ein Hauptbinnenkörper da, der sich durch seine beträchtliche Grösse auszeichnete; in seinem Umkreis lagerten nur wenige kleinere Stücke.

In allen diesen Formen waren die Binnenkörper unmittelbar in die Grundsubstanz des Binnenbläschens eingebettet; einige wenige Male wurden sie jedoch noch von einer besonderen Rindenschicht umgeben, welche sich zwar schwächer als ihre Einschlüsse, aber stärker als die umgebende körnige Masse färbte (Taf. V, Fig. 1,; gegen letztere war sie häufig durch eine scharfe membranartig aussehende Contour abgesetzt, welche indessen wahrscheinlich nur durch die stärkere Gerinnungsfähigkeit der Oberfläche bedingt ist. Eine gemeinsame Hüllschicht konnte hierbei mehrere Körper umgeben und war dann der Anzahl derselben entsprechend bisquitförmig eingeschnürt. — Ganz besonders deutlich war die Anordnung der Binnenkörper um einen dichteren, eine kreisförmige Gestalt besitzenden Theil des Binnenbläschens ausgesprochen. Obwohl von keiner Membran begrenzt, setzte sich derselbe doch auffallend scharf von der Umgebung ab; er umschloss zahlreiche, sich stark färbende Körperchen, die dann und wann zu Ketten aneinander gereiht waren.

Ein eigenthümliches Verhalten habe ich in Figur 3 auf Taf. IV. dargestellt. Hier lagerte bis auf einige grössere und kleinere isolirte Stücke die gesammte Binnenkörpermasse in einer gemeinsamen Umhüllung und zeigte hier eine Anordnung, wie man sie beim Nucleus des Paramaecium Aurelia einige Zeit nach Aufhebung der Copulation und kurz vor dem Zerfall desselben in zahlreiche kleine Nuclei beobachtet. Der Binnenkörper war zu einem bald dünnen, bald dickeren Strang ausgezogen. der kurze, dicht über einander gelagerte Windungen bildete und neben dem noch einige abgelöste rundliche Theile lagerten. Zum Vergleich verweise ich auf Bütschli's Figur 12 auf Taf. XIV. seines neu erschienenen Werkes »Ueber die ersten Entwicklungsvorgänge der Eizelle u. s. w.«; wie ich aus eigener Anschauung weiss, kann die Aehnlichkeit der beiderlei Bildungen noch beträchtlicher sein, als wie sie sich in der hier zum Vergleich herangezogenen Abbildung ausspricht.

Der Raum zwischen den Membranen des Binnenbläschens und der Centralkapsel wird von Protoplasma erfüllt, welches in sehr regelmässiger Weise von Alveolen ganz durchsäet ist. Die Alveolen bilden Hohlräume von nahezu gleicher Grösse und werden durch breite Sarkodebrücken von einander getrennt; sie entsprechen den Stellen, die im frischen Zustand von den Eiweisskugeln eingenommen werden. und in der That findet man auch häufig geschrumpfte Ueberreste dieser Eiweisskugeln in ihrem Innern liegen. (Taf. V, Fig. 11.) Ein Theil der letzteren ist jedoch zweifellos durch den Einfluss des Reagens zerstört, was mit der grossen Zartheit der Gebilde, die wir schon früher kennen gelernt haben, völlig im Einklang steht; so sind sie z. B. niemals in der Umgebung des Binnenbläschens erhalten, sondern die Alveolenräume hier stets leer.

Im Innern der Eiweisskugeln lagern die eigenthümlichen stärkekornartigen Concremente, die wir schon früher besprochen haben; sie sind keineswegs in allen Alveolen vorhanden, sondern durchgängig nur in denen der Peripherie; nach dem Centrum zu nehmen sie an Zahl ab, um in einiger Entfernung vom Binnenbläschen ganz autzuhören. (Taf. IV, Fig. 1.) Beträcht-lich seltener sind die Oelkugeln, namentlich als Einschlüsse der Eiweisskugeln, während sie als directe Einlagerungen des Protoplasma sich häufiger vorfinden.

Das Protoplasma selbst ist bei den mit Alkohol behandelten Objecten durchweg von kleinen Vacuolen durchsetzt, welche ihm ein schaumiges Ansehen verleihen; es bildet eine reichlichere Anhäufung im Umkreis des Binnenbläschens und weiterhin eine dickere Schicht dicht unter der Centralkapselmembran. (Taf. IV, Fig. 1.) Letztere besitzt eine sehr eigen-thümliche Structur. Das Protoplasma erscheint hier nämlich in langgestreckte radiäre Stücke zerfallen, welche an der Membran der Centralkapsel mit breiter Basis beginnen und nach dem Centrum zu sich verschmälern, um so allmählig in einen feinen Faden auslaufend, sich in die die Alveolen trennenden Brücken zu verlieren. (Taf. IV. Fig. 7.) Die ganze Schicht färbt sich stark und erinnert dann lebhaft an den Bau mancher Cylinderepithelien, namentlich besitzen die einzelnen Stücke grosse Aehnlickeit mit Ependymzellen, welche ja ebenfalls mit breiter Basis beginnen und in feine Fortsätze sich ausziehen, doch sind sie nicht so scharf und deut-lich umgrenzt wie diese. Die Aehnlichkeit wird noch täuschender, wenn man die Basen der radiären Stücke auf einem Schnitt, der nur die oberflächlichste Schicht der Centralkapsel ge-troffen hat, betrachtet. (Taf. IV, Fig. 6.) Man erblickt dann eine polygonale Felderung, wie sie von der Fläche gesehene Cylinderepithelien zeigen, darunter helle rundliche Stellen, welche von einem dunklen Netzwerk von einander getrennt werden. Die Felderung wird durch die Structur der Rindenschicht hervorgerufen, die darunter liegende Zeichnung entspricht den Alveolen und den dieselben trennenden Protoplasmabrücken.

Wie sehr nun auch die einzelnen Stücke Epithelzellen ähneln, so dürfen wir sie doch nicht als ächte Zellen betrachten, da sie durchaus keine Kerne besitzen; das Ganze ist vielmehr nur eine eigenthümliche Protoplasmastructur, wahrscheinlich derjenigen analog, die E. Stras-burger[1] von manchen Pflanzenzellen beschrieben hat, und wie sie auch im Thierreich nicht selten vorzukommen scheint[2].

Wie schon aus der Ueberschrift des Abschnittes hervorgeht, waren in dem Protoplasma der bisher geschilderten Thalassicollen keine Kerne vorhanden. Ich war durch diese Be-obachtung anfänglich sehr überrascht, und habe mir viel Mühe gegeben, mit Hilfe von Reagentien

---

[1] Strasburger: Ueber Zellbildung und Zelltheilung, II. Aufl. Spirogyra orthospira, pag. 61. Taf. IV, Fig. 37. Vaucheria ornithocephala, pag. 183.

[2] Ich erinnere hier an die Beobachtungen Heidenhain's (Arch. f. mikrosk. Anat. Bd. X, pag. 4) über die Stäbchenstructur der Epithelzellen der Nierencanälchen; ich selbst habe gelegentlich eines Aufenthaltes in Helgoland ein Ei beobachtet, über dessen Herkommen ich nichts sagen kann, bei dem die gesammte Rindenschicht aus feinen, im Meerwasser beim Zerdrücken sofort zerfliessenden Stäbchen bestand. Aehnliches berichtet v. Beneden über die Eier von Asteracanthion rubens (Contributions à l'histoire de la vesicule germinative. Bulletins de l'Acad. Roy. de Belgique II^m. S. T. LXI, No. 4, pag. 23. »La couche corticale (du vitellus de l'oeuf) présente une légère striation radiée«. Auch Kölliker scheint eine derartige Structur beim Ei der Pennatuliden beobachtet zu haben. (Kölliker: Pennatuliden. Frankfurt 1872, pag. 165.)

Kerne nachzuweisen. Da dies mir gleichwohl nicht geglückt ist, während in den später noch zu betrachtenden Fällen es mir leicht gelang, so kann ich mich mit aller Bestimmtheit dahin erklären, dass das Protoplasma der Centralkapsel bei einem Theil der Thalassicollen völlig kernlos ist. Hierdurch wird es verständlich, weshalb ich auch bei einer Anzahl lebender Thalassicollen vergeblich nach Kernen gesucht habe[1].

Fassen wir Alles, was wir bisher über die Querschnitte ermittelt haben, noch einmal zusammen, so gewinnen wir vom Bau der Centralkapsel der Thalassicolla folgende Vorstellung. Zuinnerst liegt das Binnenbläschen mit seinen sehr verschiedenartig gestalteten Binnenkörpern: dasselbe wird von einer Protoplasmaschicht umgeben. Dann folgen mehrere Lagen von Alveolen, welche im frischen Zustand Eiweisskugeln aber keine Concremente enthalten, auf diese mehrere Lagen von Alveolen mit Concrementen; die eigenthümlich differenzirte, aus radiären Stücken bestehende Rindenzone bildet endlich die Oberfläche des Kapselinhalts.

b. Thalassicollen mit Binnenbläschen und Kernen.

Die mit Kernen versehenen Centralkapseln sind noch viel mannigfaltiger gestaltet, als die im vorigen Abschnitt beschriebenen. Zu alle den Verschiedenheiten, welche sich aus dem Verhalten des Inhalts des Binnenbläschens ergeben, gesellen sich bei denselben noch die Unterschiede, die durch die Anzahl und Anordnung der ausserhalb befindlichen Kerne hervorgerufen werden, so dass unter den zahlreichen untersuchten Exemplaren kaum ein Befund dem andern gleicht. Im Folgenden werde ich daher nur diejenigen Bilder zur Schilderung herausgreifen, welche mir die wichtigsten zu sein scheinen.

Zunächst können wir nach der Beschaffenheit des Binnenbläschens alle Beobachtungen unter zwei Rubriken bringen. Bei einem Theil der Thalassicollen waren Binnenkörper vorhanden, während sie bei einem andern Theil fehlten. Im ersten Falle fand sich, wie ich hier noch weiter hervorheben will, durchschnittlich eine geringere Anzahl von Kernen im umgebenden Protoplasma vor, dagegen war die Centralkapsel da, wo sich keine Binnenkörper nachweisen liessen, von Kernen stets erfüllt. Ich beginne die Besprechung mit Formen der ersten Reihe.

In zwei Fällen schloss sich die Bildung des Binnenbläschens (Taf. V, Fig. 2) auf das engste an Zustände an, die wir früher schon kennen gelernt und auf Seite 52 besprochen haben. In der Grundsubstanz, welche zahlreiche, stark lichtbrechende, in Carmin sich färbende

---

[1] In Anmerkung möge noch die kurze Schilderung einer Thalassicolla Platz finden, deren Centralkapsel einen sehr abweichenden Anblick darbot. Die Alveolenschicht war im Grossen und Ganzen so beschaffen, wie wir sie oben beschrieben haben; dagegen fand sich im Umkreis des Binnenbläschens eine ausserordentlich dicke Protoplasmaschicht. Das Binnenbläschen selbst besass ein ganz eigenthümliches Aussehen. Es war klein und zerschrumpft, als ob es verletzt und ein grosser Theil seines Inhalts ausgelaufen wäre, die Membran war sehr verdickt, ein Binnenkörper in seinem Innern nicht zu entdecken. Ich führe diesen Fall hier getrennt auf, weil er keine Anknüpfungspunkte an die übrigen Formen bot und es mir den Eindruck machte, als ob wir es hier mit einem pathologisch veränderten Exemplar zu thun hätten.

Körnchen enthielt, lagerten zahlreiche runde Binnenkörper unregelmässig zerstreut; die grösseren massen 0,04 mm., die kleineren 0,01 mm. Fast alle waren von einer dunkelkörnigen Rindenschicht umgeben, welche sich eben so scharf gegen sie selbst, wie gegen die Umgebung absetzte; nur wenige kleinere Körper besassen dieselbe nicht, sondern lagerten unmittelbar im Inhalt des Binnenbläschens. Nicht selten waren mehrere Binnenkörper von einer gemeinsamen Hülle umgeben. (Taf. V, Fig. 2ᵃ;) — Einige andere Thalassicollen unterschieden sich von den geschilderten nur dadurch, dass die übrigens auch hier rundlichen Binnenkörper keine Umhüllungen besassen. (Taf. V, Fig. 3.)

In allen diesen Fällen liess der Kapselinhalt noch ein deutliches alveoläres Gefüge erkennen. In einem Exemplar waren die Brücken der Alveolen nur mässig verbreitert (Taf. V, · Fig. 12) und in denselben lagerten kleine Haufen rundlicher Körper, die sich stark in Haematoxylin, Ammoniakcarmin und saurem Carmin imbibirten und somit als Kerne gleichwerthig denen der Collozoen betrachtet werden müssen. Bei den übrigen Thalassicollen hatte sich die Anzahl der Kerne vermehrt, so dass die Alveolen mehr zurücktraten, wie es Fig. 13 auf Taf. V. erkennen lässt.

Von diesen Formen, bei denen die ersten Umwandlungen der Alveolenschicht nachweisbar waren, ausgehend, beginnt eine allmählige Annäherung an die Verhältnisse, welche wir bei den Thalassicollen, die keine Binnenkörper mehr besitzen, kennen lernen werden. Die Zahl der Kerne wird eine sehr beträchtliche, so dass die Alveolen in der Centralkapsel mehr und mehr verschwinden. Nur vereinzelte Concretionen findet man noch unregelmässig im Protoplasma zerstreut. Der Centralkapselinhalt scheint fast nur aus Kernen zu bestehen und zerfällt beim Zerzupfen in grössere und kleinere Kernhaufen, die durch ganz schmale Protoplasmazüge getrennt werden. (Taf. V, Fig. 10.) Letztere bekömmt man am besten zu Gesicht, wenn man sehr dünne Schnitte anfertigt und dieselben etwas ausspült. (Taf. V, Fig. 8.) Man erhält dann ein Netzwerk von stärkeren und feineren Balken, welches eine grosse Aehnlichkeit mit dem Reticulum von Lymphdrüsen besitzt, wie denn überhaupt ein Querschnitt durch die Centralkapsel einer derartigen Thalassicolla dem Bild eines Lymphdrüsenquerschnittes sehr ähnlich sieht. Ein gleiches protoplasmatisches Netzwerk entsteht auf der Innenfläche der Kapselmembran und bildet hier polygonale Maschen, welche natürlich mit den ähnlichen Figuren, die durch die leistenförmigen Verdickungen der Membran hervorgerufen werden, Nichts zu thun haben. (Taf. V, Fig. 9.) Die Maschen entsprechen den Trennungslinien der Grundflächen, mit denen die radiär gestellten keilförmigen Kernhaufen an die Kapselmembran stossen.

Wenn wir jetzt die diesem Stadium entsprechende Beschaffenheit des Binnenbläschens näher betrachten, so begegnen wir im Innern desselben nur kleinen Binnenkörpern, ungefähr von der Grösse der in der Centralkapsel vorhandenen Kerne. Bei einem der untersuchten Exemplare zeigten dieselben eine sehr charakteristische Anordnung. (Taf. V, Fig. 4.) Etwas excentrisch lag eine Anzahl zu einem brombeerartigen Haufen zusammengedrängt; derselbe wurde in einiger Entfernung von einer Zone umgeben, in welcher die Grundsubstanz von ebenfalls kleinen Binnenkörpern dicht durchsetzt war; endlich fanden sich noch zahlreiche Binnenkörper zwischen der Membran des Binnenbläschens und der genannten Zone.

Bei den übrigen Thalassicollen liessen die Binnenkörper die geschilderte regelmässige Anordnung vermissen und waren ausserdem weniger zahlreich; öfters fiel es sogar schwer, auch nur einige wenige aufzufinden. Gleichzeitig liess ihre Constitution bemerkenswerthe Differenzirungen erkennen. (Taf. V, Fig. 6.) Sie färbten sich schlecht in Carmin und Haematoxylin und waren zum Theil von Vacuolen aufgetrieben; dabei besass die Grundsubstanz des Binnenbläschens ein auffallend grobkörniges Gefüge.

An die letztgenannten Fälle schliessen sich aufs engste die Thalassicollen der zweiten Reihe an. bei denen die Binnenkörper vollständig fehlen. Das Binnenbläschen besteht hier aus zahlreichen stark lichtbrechenden Körnchen, die wahrscheinlich aus Fett bestehen (Taf. V, Fig. 5). Dieselben verleihen ihm ein trübes Aussehen und machen es um Vieles undurchsichtiger als es früher gewesen war. Hierzu kommt noch, dass die Substanz ihr früher beträchtliches Imbibitionsvermögen völlig verloren hat. Wenn man mit Essigsäurecarmin gefärbt und das gefärbte Präparat mit Salzsäureglycerin behandelt hat, so fällt das Binnenbläschen, namentlich beim Einschluss in Canadabalsam. als eine helle Stelle inmitten des rothgefärbten Centralkapselinhalts auf. welcher fast einzig und allein aus dicht aneinander gedrängten grösseren und kleineren Kernhaufen besteht.

Zum Schluss müssen wir noch einige wichtige Verhältnisse hervorheben, durch welche sich alle Binnenbläschen der Thalassicollen mit Kernen in der Centralkapsel von den früher besprochenen unterscheiden.

Was zunächst die Grösse der Binnenbläschen anlangt. so beträgt dieselbe im Durchschnitt 0,27 mm. Wichtiger ist ihre relative Grösse. d. h. das Verhältniss, in dem ihr Durchmesser zu dem der Centralkapsel steht. Hier finde ich aus einer grösseren Anzahl von Messungen, dass die Grösse des Binnenbläschens durchschnittlich nur ⅕ von der Grösse der gesammten Centralkapsel beträgt.

Weiterhin haben wir die Form des Binnenbläschens ins Auge zu fassen. Zwar lässt sich hier nach Spirituspräparaten kein sicheres Urtheil abgeben, — ich habe daher in meinen Abbildungen alle Binnenbläschen ausnahmslos rund gezeichnet — indessen erscheinen mir die Unregelmässigkeiten der Form doch zu auffallend, um hier nicht erwähnt zu werden. Die Gesammtgestalt ist auch hier wieder eine kugelige, von der Oberfläche dringen jedoch tiefe Einbuchtungen in das Innere, so dass der Rand dem eines tief gekerbten Blattes ausserordentlich ähnelt; das Bild macht ganz den Eindruck. als ob das Binnenbläschen etwas collabirt sei.

Endlich verlangt das Verhalten der Membran noch kurze Erwähnung. Dieselbe ist zwar vorhanden, aber niemals so scharf contourirt, wie bei den Thalassicollen ohne Centralkapselkerne. Namentlich fällt dies bei den Binnenbläschen auf, deren Inhalt von Fettkörnchen gebildet wird und keine Binnenkörper umschliesst; bei denselben kann man an manchen Stellen gar keine Membran erkennen, an anderen sieht dieselbe wie zerrissen aus.

Alle diese Punkte sind bedeutungsvoll für die Beurtheilung des genetischen Zusammenhangs, welcher zwischen den geschilderten verschiedenen Zuständen der Thalassicolla nucleata besteht.

B. Der extracapsuläre Weichkörper.

Betrachtet man eine im Wasser suspendirte, völlig ausgebildete Thalassicolla nucleata bei ungefähr vierfacher Loupenvergrösserung, so erhält man sehr verschiedene Bilder, je nachdem der Organismus sich in gereiztem Zustand befindet oder sich von dem beim Fangen ihm zugefügten Insult völlig erholt hat. Wenn eine Thalassicolla im Zustand völliger Ruhe alle ihre Theile ausgebreitet hat, dann liegt im Centrum des regelmässig kugeligen Körpers die von einer dünnen Pigmentschicht umgebene Centralkapsel in Gestalt einer scharf umschriebenen schwarzen Kugel. (Taf. III, Fig. 6.) Nach aussen wird dieselbe von einer milchglasähnlich aussehenden, etwas opalisirenden Schicht umgeben, deren Dicke etwas weniger als der Durchmesser der Centralkapsel beträgt. Die äusserste Rinde des Körpers wird von einer wasserklaren durchsichtigen Masse gebildet, in der man schon bei Loupenvergrösserung eine Zusammensetzung aus zahlreichen grossen Vacuolen erkennen kann. Die Vacuolen lagern dicht aneinander, sind in mehreren (3—4) Schichten angeordnet und radiär gestellt, so dass die grösseren Vacuolen nach aussen. die kleineren nach innen zu liegen kommen. Von der Oberfläche der Vacuolenschicht strahlen die Pseudopodien nach allen Richtungen hin in das Wasser aus. Trotz ihrer ausserordentlichen Feinheit sind sie schon bei Loupenvergrösserung als ein zarter Flaum bemerkbar, da sie in ganz ausserordentlicher Menge vorhanden sind. Sie erreichen die beträchtliche Länge des halben Durchmessers des gesammten Thalassicollenkörpers, sind dann aber nicht starr ausgestreckt wie die Pseudopodien einer Actinophrys, sondern ihre Spitzen flottiren im Wasser und hängen schlaff nach abwärts.

Die geringste Beunruhigung des Wassers veranlasst die Thalassicolla, sofort ihre Pseudopodien einzuziehen. Schon das Stossen an den Tisch. auf welchem der das Beobachtungsobject enthaltende Behälter steht, genügt. um diesen Effect hervorzurufen. Gleichzeitig collabiren die äussersten Alveolenschichten und an ihrer Stelle kommt ein hyaliner Grenzsaum zum Vorschein. Dieses Bild erhält man auch. wenn die Thalassicolla sich von der Beunruhigung erholt, aber ihre Alveolen noch nicht vollkommen ausgebreitet hat. Der hyaline Grenzsaum kann noch vorhanden sein und gleichwohl schon überall lange Pseudopodienbüschel die Körperoberfläche bedecken, ein Zeichen, dass eine völlige Ausbreitung der Alveolenschicht nicht nöthig ist. damit die Pseudopodien ausgestreckt werden können.

Nimmt die Beunruhigung zu, so collabiren auch noch die letzten Alveolenreihen. Die Thalassicolla wird dann von einem schmalen hyalinen Grenzsaum umschlossen, der unmittelbar die opalisirende Zone umgiebt. Bei heftigen Insulten, Stossen und Schütteln des Glases, schwindet auch der letzte Unterschied in den Schichten der extracapsulären Umhüllung. Es steigt dann von der Kapselperipherie aus das schwarze Pigment empor und verbreitet sich in der umschliessenden Gallerte. Taf. III, Fig. 8.) Die Contouren der Centralkapsel selbst werden hierbei undeutlich; dieselbe sieht wie ein schwarzer verwaschener Fleck inmitten einer schwärzlich-bläulichen Masse aus. Die ganze Thalassicolla ist in diesem Zustand viel kleiner als wie sie anfänglich gewesen war; zur Beurtheilung des Grössenverhältnisses geben die gleichmässig vergrösserten Figuren 6 u. 8 auf Tafel III. Anhaltspunkte.

In dem geschilderten Zustand als ein unförmlich bläulicher Körper kommt die Thalassicolla zur Beobachtung, wenn beim Fangen mit dem MULLER'schen Netze zu stark gerudert oder das Netz nicht mit der nöthigen Vorsicht geleert wurde. Derartige Exemplare sinken im Glase zwar zunächst zu Boden, sind aber keineswegs todt; vielmehr erholen sie sich völlig, wenn man ihnen frisches Wasser giebt und sie an einem ruhigen Ort stehen lässt. Es tritt dann das Pigment aus der Peripherie zurück und sammelt sich im unmittelbarsten Umkreis der Centralkapsel; man kann wiederum die beiden Gallertschichten unterscheiden; im weiteren Verlauf bildet sich in der Rindengallerte eine Vacuolenreihe nach der andern aus, während auf dem ganzen Körperumfang neue Pseudopodien aufschiessen. Ich habe verschiedentlich eine derartige Restitutio in integrum verfolgt.

Diese Beobachtungen sind für die Entscheidung der Frage nach dem Bau der extracapsulären Schichten von Bedeutung. Zunächst geht aus ihnen hervor, dass eine extracapsuläre Gallertschicht auch bei der völlig unverletzten Thalassicolla existirt. Denn es ist nicht denkbar, dass eine Substanzlage so schnell sich ausbilden sollte, wie wir dieselbe bei der Thalassicolla deutlich werden sehen. Ferner können die Blasen, welche in der Rindenschicht vorhanden sind, keine von besonderen Wandungen umgebenen Alveolen sein. Vielmehr spricht ihr ganzes Verhalten, ihr Entstehen und Verschwinden, dafür, dass wir es hier mit Vacuolen im Protoplasma zu thun haben. Indem dieselben collabiren, kommt das Gallertsubstrat, in dem sie eingelagert sind, als eine homogene Schicht zum Vorschein.

Das Gesagte bezieht sich nur auf die Rindenschicht des extracapsulären Weichkörpers. Um über den Bau der inneren opalisirenden Lage ins Klare zu kommen, bedarf es der Anwendung stärkerer Vergrösserungen. — Wenn man zum Zweck der mikroskopischen Untersuchung die Thalassicolla in ein Uhrschälchen oder einen hohlgeschliffenen Objectträger überträgt, so verschwindet in Folge der Beunruhigung die blasige Structur der Rindenschicht, dagegen zeigen noch immer die inneren Lagen der Gallerte eine Zusammensetzung aus zahlreichen Alveolen. Dieselben sind viel kleiner, als die in der Rinde vorhandenen, ein Verhältniss, das schon SCHNEIDER in einer im Uebrigen sehr schematisch gehaltenen Zeichnung (A. f. A. u. Ph. 1858, Fig. 5, Taf. III) dargestellt hat; unter einander sind sie nur wenig an Grösse verschieden, indem ihre Durchmesser nur unbedeutend von innen nach aussen zunehmen. Die einzelnen Alveolen sind dicht an einander geordnet und besitzen in Folge des seitlichen Drucks, den sie auf einander ausüben, eine in radialer Richtung verlängerte Gestalt.

Eine besondere Substanzlage kleidet sie von Innen aus; diese Lage ist jedoch keine besondere Membran, sondern wird aus Protoplasma gebildet und steht, wie schon SCHNEIDER[1] hervorgehoben hat, mit den pseudopodienähnlichen Fäden in Zusammenhang, welche aus der die Centralkapsel umhüllenden Protoplasmaschicht entspringen und zwischen den Alveolen in der Gallerte eingebettet zu dichten Netzen sich verbinden. Zwar ist der Uebergang der Fäden in die sogenannte Alveolenmembran beim lebenden Thier nicht so deutlich zu verfolgen, wie bei den Collozoen, bei denen die Alveolen nicht so dicht gedrängt über und neben einander lagern, aber ich habe mich gleichwohl von der Existenz desselben überzeugen können. Vor Allem habe ich ganz unzweideutige Bilder auf Querschnitten erhalten, die ich durch ganze, in Spiritus conservirte Thalassicollen legte. (Taf. II, Fig. 10.)

Da die zu Querschnitten verwandten Exemplare wahrscheinlich direct nach dem Fang und somit im contrahirten Zustand in Spiritus conservirt worden waren, war natürlich von der äusseren Alveolenschicht Nichts zu sehen, an Stelle derselben fand sich vielmehr eine homogene Lage von Gallerte; ebenso war das Pigment nicht auf den Umkreis der Centralkapsel beschränkt, sondern diffus mit einer nach Aussen abnehmenden Intensität im ganzen extracapsulären Weichkörper vertheilt; dagegen war die innere Alveolenschicht vollständig erhalten.

Auf einem hinreichend dünnen Querschnitt erhält man eine einzige Alveolenlage getroffen und kann dann sehen, dass nur dünne Brücken die einzelnen an einander grenzenden Hohlräume trennen. In den Scheidewänden, oder richtiger gesagt, in der spärlichen homogenen Grundsubstanz, in der die Alveolen eingebettet sind, bilden die Sarkodefäden ihre Netze, namentlich dicht in der Umgebung der Centralkapsel, wo sie sich zum »Pseudopodienmutterboden« vereinen; den Fäden entlang lagern die schwarzen Pigmentkörnchen, welche die Farbe der Thalassicolla bedingen.

Bei schwacher Vergrösserung sieht jede Alveole wie von einer besonderen Membran umgeben aus; wendet man jedoch stärkere Systeme an, so löst sich die Membran in eine dünne Lage körniger Substanz auf, welche mit den Sarkodenetzen in Zusammenhang steht und somit selbst von Sarkode gebildet wird. Ein weiterer Beweis für die Richtigkeit dieser Annahme wird durch die Beobachtung von Pigmentkörnchen geliefert, welche einzeln oder in Haufen in der vermeintlichen Membran der Alveole lagern und nicht selten in das Lumen derselben hervorspringen. Einige Male fand ich ausserdem noch Oelkugeln im protoplasmatischen Beleg, welche ebenfalls ins Alveoleninnere hervorragten. Diese Beobachtung erklärt mir eine bis dahin nicht verständliche Angabe von JOH. MÜLLER, mit welcher derselbe seine Auffassung, dass die Alveolen keine einfachen Erweiterungen der Pseudopodien sind, stützt. J. MÜLLER giebt an, dass zuweilen in der Alveole noch eine zweite, ganz ähnliche »kleinere Zelle« sich vorfinde, die dann eine hellglänzende, schön orangefarbene Kugel umschliesse; ich zweifele nicht im

[1] A. f. A. u. Ph. 1867, pag. 510.

Geringsten, dass den Beobachtungen einfache der Sarkodeschicht der Alveolen eingebettete Oelkugeln zu Grunde liegen und dass die Angabe über eine zweite eingeschachtelte Alveole auf
einer Täuschung beruht, die im frischen Zustand, wo zahlreiche Hohlräume übereinander liegen,
leicht erklärlich ist.

Nach diesen Beobachtungen besitzt die extracapsuläre Schicht der Thalassicolla nucleata
folgenden, im Grossen und Ganzen mit dem Bau der extracapsulären Schicht der Sphaerozoiden
übereinstimmenden Bau. Die Centralkapsel wird von einer in der ganzen Circumferenz gleichmässig starken Gallertlage umhüllt. In dieser Gallertlage breiten sich die Protoplasmafäden
aus, welche central aus einer dickeren Protoplasmaschicht (dem Mutterboden) entspringen,
peripher in die Pseudopodien übergehen. In den Protoplasmanetzen entstehen durch Flüssig-
keitsansammlung zahlreiche Vacuolen, welche so dicht gedrängt sind, dass nur schmale Brücken
der Grundsubstanz sie trennen. Die Vacuolen oder Alveolen sind in zwei Lagen angeordnet.
Die der inneren Lage, welche bei Betrachtung ohne Vergrösserung durch ihr milchiges opa-
lisirendes Aussehen auffällt, sind kleiner und collabiren nicht bei Reizung, die nach aussen
gelegenen Alveolen sind dagegen grösser und verschwinden schon bei einer geringfügigen
Beunruhigung.

Dieses verschiedene Verhalten der inneren und äusseren Alveolen könnte auffallen, zu-
mal da dasselbe sich auch bei der Behandlung mit Reagentien, bei der die inneren Alveolen
ebenfalls im Gegensatz zu den Rindenalveolen unverändert bleiben[1], bemerkbar macht. Man
könnte hierin Stützpunkte für die Annahme finden, dass wenigstens die inneren Alveolen mit
besonderen Membranen versehen sind. Indessen alle jene Beobachtungen erklären sich viel
einfacher aus der grösseren Consistenz der inneren Gallerte, welche das Collabiren verhindert.
Von der beträchtlichen, fast knorpeligen Consistenz derselben überzeugt man sich am besten, ·
wenn man eine Centralkapsel enucleirt. Es zerfliesst dann die Gallerte nicht, sondern kehrt
nach der Entfernung der Centralkapsel in die frühere Form zurück und bildet nunmehr eine
Hohlkugel.

Will man sich ein Bild von der Alveolenschicht der Thalassicolla nucleata machen, so
wüsste ich keinen besseren Vergleich als mit dem sogenannten blasigen Bindegewebe der
Wirbellosen, wie es namentlich im Cellulosemantel mancher Tunicaten, der Phallusien, entwickelt ist. In beiden Fällen haben wir eine homogene Grundsubstanz, welche durch und
durch von Flüssigkeitsräumen dicht durchsetzt ist, so dass nur spärliche Reste von ihr in Form
schmaler Brücken übrig bleiben. Jede Blase besitzt ihren Protoplasmabeleg und entsendet von
diesem aus ein Netzwerk von Strängen zu den umliegenden Blasen. Der Unterschied besteht
nur darin, dass bei den Phallusien alle Hohlräume ihren Kern besitzen, welcher bei den Alveolen

---

[1] Ferner gehört hierher, dass die Vacuolen auch erhalten bleiben, wenn man die extracapsuläre
Gallerte zerzupft.

der Thalassicollen fehlt, dass jene somit den Werth von Zellen besitzen, während diesen keine grössere histologische Bedeutung beigemessen werden kann.

Wir hätten nun noch kurz die gelben Zellen und das schwarze Pigment, welches im normalen Zustand auf den engsten Umkreis der Centralkapsel beschränkt ist, unter Umständen aber den Pseudopodienbahnen entlang bis in die äussersten Schichten des Körpers wandern kann, zu besprechen; indessen sind die Angaben früherer Forscher, namentlich HAECKEL's und JOH. MULLER's so ausführlich, dass ich einfach auf dieselben verweisen kann.

Von SCHNEIDER wurden zuerst Beobachtungen angestellt und dann später von CIENKOWSKI bestätigt, dass von der Centralkapsel aus eine Neubildung der extracapsulären Körpertheile erfolge, wenn man erstere aus ihren Umhüllungen, ohne sie zu zerquetschen, herauspräparirt. Auch ich habe mich von dieser Reproductionsfähigkeit der Centralkapsel überzeugen können. Schon kurze Zeit nach der Loslösung der Rindengallerte traten überall kurze Pseudopodien hervor, welche sich zu einer Matrix vereinigten. Leider konnte ich nur wenige Tage das Object verfolgen, da die weitere Beobachtung durch meine Abreise unterbrochen wurde. Wenn wir das Verhältniss, in dem der Centralkapselinhalt zu den extracapsulären Theilen steht, berücksichtigen und in Erwägung ziehen, dass der Centralkapselinhalt, wie wir schon bei Collozoum näher begründet haben, gleichsam den Heerd der Radiolarienorganisation bildet, so darf uns diese Neubildung extracapsulärer Theile nicht in Verwunderung setzen.

Beurtheilung der Beobachtungen über Thalassicolla nucleata.

Nachdem wir im Vorhergehenden die aus der Untersuchung lebender und in Spiritus conservirter Thalassicollen gewonnenen Resultate zusammengestellt haben, müssen wir nunmehr aus ihnen die allgemeinen Schlüsse ziehen, die sich für eine morphologische Beurtheilung des Organismus ergeben. Es handelt sich hierbei offenbar um zwei verschiedene Aufgaben: einmal gilt es eine histologische Deutung der einzelnen Theile der Organisation zu begründen, zweitens den zwischen den verschiedenen Zuständen bestehenden Zusammenhang zu construiren.

Was zunächst die Deutung der einzelnen Theile anlangt, so ist der Cardinalpunkt die Frage nach dem histologischen Werth, den das Binnenbläschen, das räthselhafteste Gebilde im Bau der Radiolarien, besitzt. Zur Beantwortung derselben recapituliren wir noch einmal kurz, was wir über seinen Bau ermittelt haben.

Das Binnenbläschen, welches wir bei keiner Thalassicolla vermissten, ist mehr oder minder regelmässig kugelig geformt und besitzt eine von feinen Porencanälen durchbohrte Membran und einen im frischen Zustand wasserklaren, flüssigen Inhalt, der in Chromsäure, Essigsäure und Alkohol feinkörnig gerinnt, in Färbungsmitteln sich stark imbibirt und demnach jedenfalls aus einer sehr eiweissreichen Flüssigkeit besteht. Ausserdem umschliesst es meisten-

theils — mit Ausnahme einiger weniger später noch zu erklärender Fälle — zahlreiche Binnenkörper, die stark lichtbrechend sind und sich ganz besonders intensiv färben.

Diese Angaben über den Bau und das mikrochemische Verhalten genügen nach meiner
Ansicht, um zu beweisen, dass das Binnenbläschen den Formwerth eines hochdifferenzirten
Zellkerns besitzt. Es stützt sich diese Auffassung darauf, dass die beschriebenen Bestand-
theile genau den einzelnen Kerntheilen entsprechen. Die Membran des Binnenbläschens ist
der Hülle gleichwerthig, die bei zahlreichen Nucleusformen als ein der Zellmembran analoges
Differenzirungsproduct erkennbar ist; der flüssige Inhalt zeigt das Verhalten des Kernsafts: die
Binnenkörper endlich stimmen völlig mit den Nucleoli überein.

Alle diese Behauptungen werden sofort noch klarer, wenn wir das Binnenbläschen
mit ähnlich gebauten Gebilden vergleichen, die unzweifelhafte Zellkerne sind, z. B. mit den
multinucleolären Keimbläschen der Fische, Amphibien und Reptilien. Auch hier können wir
eine deutlich doppelt contourirte, von Porencanälen durchsetzte Membran, einen eiweissreichen,
wasserklaren, körnig gerinnenden Inhalt und zahlreiche homogene Nucleoli nachweisen. Sogar
in scheinbar nebensächlichen Einzelheiten, über deren Bedeutung wir uns zunächst noch gar
keine Vorstellungen machen können, lässt sich die Uebereinstimmung verfolgen. Wie bei
Thalassicolla nucleata, so sind auch unter Anderem im Ei des Frosches auf bestimmten Stadien die Keimflecke zu einem etwas excentrisch gelegenen Haufen vereinigt. EIMER[1] beschreibt
vom Ei der Lacerta viridis (ebenso v. BENEDEN von dem des Asteracanthion) »unzählige
Körperchen, welche nur kleiner, im Uebrigen aber von derselben Beschaffenheit wie die
Keimflecke sind« (pseudonucléoles v. BENEDEN), Körperchen, welche zeitweilig auch im Binnenbläschen auftreten (Taf. V, Fig. 1—3). Derselbe Autor spricht bei Schildkrötenciern von
einer Differenzirung des Kerninhalts in eine Central- und eine Rindenmasse (Taf. XI, Fig. 6),
ganz analog derjenigen, die ich in Figur 1 auf Tafel V abgebildet habe. Die concentrische
Anordnung des Inhalts endlich um einen hellen centralen Punkt beim Keimbläschen der Ei-
dechse liesse sich vielleicht mit der radienartigen Figur vergleichen, welche Figur 7 auf
Tafel V darstellt. Ich zweifele nicht, dass eine vergleichende Betrachtung der beiderlei Gebilde die Zahl der übereinstimmenden Merkmale noch leicht vermehren würde.

Weitere Stützen gewinnt die hier vertretene Auffassung durch die Beobachtung, dass
das Binnenbläschen lange Zeit über in einem völlig kernlosen Protoplasma lagert. Da wir
von den Collozoen her wissen, dass die Centralkapsel der Radiolarien ein Körper ist, der
eine zellige Zusammensetzung besitzt und zu seiner Erklärung nicht der Annahme kernloser
Elementartheile oder Cytoden bedarf, so liegt es nahe, auch bei den Thalassicollen zunächst
an eine zellige Structur zu denken. Wenn wir nun weiterhin sehen, dass das Binnenbläschen
der einzige Körper ist, welcher den Bau und das mikrochemische Verhalten eines Zellkerns

---

[1] TH. EIMER, Untersuchungen über die Eier der Reptilien. Archiv für mikroskopische Anatomie,
Bd. VIII, pag. 216.

zeigt, so bleibt uns keine andere Annahme übrig, als dass dasselbe in der Centralkapsel die Functionen eines Nucleus besitzt, dass bei den Thalassicollen sich somit ein einziger hoch differenzirter Kern vorfindet, wo wir bei den Collozoen zahlreiche kleine und einfach gebaute Kerne antreffen.

Indem ich somit das Binnenbläschen der Thalassicolla nucleata als Kern deute, komme ich auf eine Ansicht zurück, die ursprünglich von HUXLEY stammt und die später auch einmal gelegentlich von KOELLIKER [1] in seinen Icones histologicae ausgesprochen worden ist. Hierbei muss freilich berücksichtigt werden, dass HUXLEY auch den Oeltropfen des Sphaerozoum als Nucleus bezeichnet, demnach keineswegs mit dem Wort den Begriff verbindet, den wir mit demselben zu verbinden pflegen. Ferner ist zu berücksichtigen, dass KOELLIKER die Ansicht, ohne sich auf eigene Beobachtungen zu stützen, als eine Vermuthung ausspricht und zwar unter einer Anzahl weiterer Vermuthungen über die Art und Weise, in der man den Bau der Radiolarien wohl auffassen könne.

Die übrigen Elementartheile der Thalassicollen sind leicht zu deuten. Dass die extracapsulären Alveolen ebenso wenig wie die der Collozoen ächte Zellen sind, kann nach dem Mitgetheilten keinem Zweifel unterliegen. Ebenso wenig können die Concrementkugeln als Zellen angesehen werden, sondern dieselben sind eigenthümliche »innere Plasmaproducte«, wie sie häufiger in pflanzlichen als thierischen Zellen vorkommen. Die Deutung der nur bei einem Theil anwesenden wasserhellen Bläschen als primitive Kerne ist ebenfalls durch das Vorausgehende genügend sicher gestellt. Es bleiben somit bei den Thalassicollen wie bei den Collozoen nur die gelben Zellen als zweifellose, selbstständige Zellen übrig.

Die Beantwortung der zweiten Frage: in welchem Zusammenhang stehen die verschiedenen Formzustände, die wir kennen gelernt haben? ist mit grösseren Schwierigkeiten verknüpft. — Wenn wir die Reihe überblicken, welche uns vornehmlich die Untersuchung des Spiritusmaterials geliefert hat, so stehen an einem Ende derselben Thalassicollen, bei denen nur ein einziger hochdifferenzirter Zellkern vorhanden ist, während anderweitige Kerne fehlen, auf der anderen Seite finden wir Formen, bei denen ausserordentlich zahlreiche kleine Kerne die Centralkapsel anfüllen, während das Binnenbläschen klein, rückgebildet und von jenen ganz in den Hintergrund gedrängt erscheint. Allmählige Uebergänge vermitteln diese beiden Extreme.

Es ist daher wohl naheliegend in den verschiedenen Zuständen die Glieder einer Entwicklungsreihe zu erblicken, ferner liegt es nahe, an den Anfang der Reihe die Thalassicollen mit wohl entwickeltem Binnenbläschen ohne Kerne, an das Ende Thalassicollen mit zahlreichen Kernen und einem rückgebildeten Binnenbläschen zu stellen. Denn die Beobachtung im frischen Zustande hat gelehrt, dass zur Zeit der Schwärmerentwicklung der Inhalt der Central-

[1] Icones, pag. 45.

kapsel in vielkernige Haufen zerfällt; mit diesem Stadium stimmen aber die an letzter Stelle besprochenen Exemplare des Spiritusmaterials, deren Centralkapseln fast allein aus dicht gedrängten Kernhaufen bestehen, nahezu völlig überein. Wir können daraus mit grosser Sicherheit auf folgenden Entwicklungsgang der Thalassicolla schliessen.

Anfänglich ist die Centralkapsel ein einzelliger Körper mit grossem centralen Kern, dem Binnenbläschen; allmählig entstehen im Protoplasma, das zwischen dem Kern und der Kapselmembran liegt, kleine Kerne, die sich durch Theilung vermehren, während im Binnenbläschen zunächst die Binnenkörper verschwinden, später dieses selbst sich rückbildet. Im Verlauf dieses Processes lösen sich die anfänglich vorhandenen Oeltropfen und Concrementkugeln auf und es zerfällt der Kapselinhalt in zahlreiche Stücke und diese wieder in die einzelnen Schwärmeranlagen.

Bei diesem Ueberblick über den Entwicklungsgang der Thalassicolla ist die sehr bedeutsame Frage unberührt geblieben, in welcher Weise entstehen die ursprünglich im Kapselinhalt nicht vorhandenen Kerne? Zwei Fälle sind hier denkbar: Entweder entwickeln sich die Kerne selbstständig im Protoplasma, indem sie gleichsam aus einer dasselbe durchtränkenden Mutterlauge von Kernsubstanz auscrystallisiren; oder sie leiten sich von dem im Organismus schon vorhandenen Kerne, dem Binnenbläschen, ab. Im letzteren Falle würden wir dann weiterhin zu unterscheiden haben, ob die Kerne Abkömmlinge des Kernsaftes sind oder ob sie mit den in demselben enthaltenen Nucleoli in genetischem Zusammenhang stehen, mit anderen Worten, ob sie aus dem Binnenbläschen frei gewordene Nucleoli vorstellen.

Ich wüsste nun keine Gründe, welche man zu Gunsten der an erster Stelle genannten Möglichkeit geltend machen könnte; dagegen bietet obige Darstellung mannigfache Anhaltspunkte für die Annahme, dass die Kerne vom Binnenbläschen abstammen und zwar speciell von dem in ihm enthaltenen Binnenkörper, dass das Binnenbläschen ein Mutterkern oder richtiger gesagt eine Art Brutraum ist, in dem eine jüngere Generation von Tochterkernen erzeugt wird. Ich gehe jetzt auf die Begründung dieser Auffassung näher ein.

Wenn wir die Verschiedenheiten unter einander vergleichen, welche auf den einzelnen Entwicklungsstadien die Binnenbläschen erkennen lassen, so kommen wir zum Schluss, dass letztere zur Zeit, wo noch Kerne in der Centralkapsel fehlen, im Durchschnitt grösser sind als zur Zeit, wo die Centralkapsel von Kernen erfüllt ist. Es lässt sich dies schon an den absoluten Grössenwerthen durchführen, noch mehr aber fällt es auf, wenn wir die relative Grösse des Binnenbläschens vergleichen, d. h. wenn wir die Grösse des Binnenbläschens in ihrem Verhältniss zur Grösse der ganzen Centralkapsel betrachten, eine Vergleichsweise, welche zweifellos allein berechtigt ist. Ich gebe hier eine Tabelle über die Maasse der meisten von mir untersuchten Thalassicollen, in der ersten und zweiten Columne stehen die absoluten Durchmesser der Centralkapsel und des Binnenbläschens, in der dritten die relativen Durchmesser des letzteren.

1. Centralkapselinhalt ohne Kerne.			2. Centralkapselinhalt mit Kernen. Binnenbläschen:					
			a. mit Binnenkörpern.			b. ohne Binnenkörper.		
1.	2.	3.	1.	2	3.	1.	2.	3.
0,8 mm.	0,3 mm.	$10/26$	0,8 mm.	0,2 mm.	$10/10$	1,3 mm.	0,25 mm.	$10/50$
0,86 -	0,39 -	$10/22$	0,9 -	0,23 -	$10/10$	1,4 -	0,3 -	$10/48$
1,0 -	0,34 -	$10/23$	0,9 -	0,23 -	$10/10$	1,5 -	0,25 -	$10/60$
1,0 -	0,35 -	$10/29$	1,05 -	0,28 -	$10/10$	1,6 -	0,33 -	$10/50$
1,0 -	0,43 -	$10/23$	1,0 -	0,22 -	$10/15$			
1,0 -	0,43 -	$10/23$	1,4 -	0,3 -	$10/15$			
1,1 -	0,4 -	$10/24$						
1,1 -	0,42 -	$10/26$						
1,1 -	0,44 -	$10/25$						
1,1 -	0,47 -	$10/23$						
1,1 -	0,48 -	$10/23$						
1,1 -	0,55 -	$10/26$						

Aus dieser Tabelle können wir entnehmen. 1. dass die Binnenbläschen in den Fällen, in denen ausserdem noch Kerne vorkommen, bedeutend kleiner sind, als da wo dieselben fehlen; 2. dass erstere im einzelnen wieder betrachtet um so kleinere Durchmesser besitzen, je grösser die Anzahl der Kerne ist. Wir können dies allgemein so ausdrücken, dass die Binnenbläschen in demselben Maasse an Grösse abnehmen, als sich im Inhalt der Centralkapsel Kerne ausbilden und vermehren.

Wenn wir uns nun weiterhin die Binnenbläschen auf ihre Gestalt hin ansehen, so ergiebt eine vergleichende Betrachtung, dass sie bei jungen Thalassicollen mehr glatt contourirt erscheinen als bei älteren, dass sie bei letzteren vermöge ihrer zahlreichen grösseren und kleineren Einbuchtungen aussehen, als ob sie collabirt wären.

Beide Ergebnisse zusammengenommen lassen es sicher erscheinen, dass in demselben Maasse als sich Kerne entwickeln, die Binnenbläschen Substanzverluste erleiden, und liegt es dann nahe, beide Erscheinungen in einen ursächlichen Zusammenhang zu bringen und zu sagen, dass die Substanzverluste der letzteren zum Aufbau der Kerne verwandt werden.

Wenn es hierbei zunächst unentschieden geblieben ist, ob die Kerne von der gesammten Masse des Binnenbläschens oder speciell von den Binnenkörpern sich ableiten, so gewinnt letztere Auffassung die grössere Wahrscheinlichkeit durch eine Anzahl weiterer Momente, auf deren Erörterung ich jetzt näher eingehe.

Einmal muss man an die Binnenkörper denken, weil sie ein gleiches Aussehen wie die Kerne besitzen und auch in ihrem mikrochemischen Verhalten, so namentlich in ihrem Verhalten bei Carminfärbung, völlig mit ihnen übereinstimmen. Weiterhin sprechen für die Annahme die Veränderungen, welche die Binnenkörper erleiden, wie sich aus meinen Beobachtungen ergiebt. Wenn wir dieselben zu einem einheitlichen Bilde zusammenfassen, so würden wir ungefähr folgenden Entwicklungsgang erhalten[1]. Anfänglich haben wir einen zusammenhängenden, verästelten Binnenkörper; dieser löst sich in Stränge, die Stränge wiederum lösen sich in rundliche, grössere und kleinere Körper auf. Letztere verschwinden in demselben Maasse, als die Kerne in der Centralkapsel auftreten, aus dem Binnenbläschen, bis schliesslich keine mehr in demselben vorhanden sind. Auch hier liegt es wieder nahe, einen ursächlichen Zusammenhang zwischen den zwei nebeneinander hergehenden Erscheinungen anzunehmen, den Zerfall des einfachen grossen Binnenkörpers in zahlreiche kleine Stücke oder Nucleoli als eine Vorbereitung der Anlage der Centralkapselkerne anzusehen, und die Abnahme der ersteren, während letztere sich vermehren, durch ein Auswandern jener und eine Umwandlung in letztere zu erklären. Diese Auffassungsweise gewinnt noch dadurch an Wahrscheinlichkeit, dass in der That der Zerfall des Binnenkörpers in einigen Fällen zur Bildung von Nucleoli geführt hat, welche mit den Kernen der Centralkapsel in Grösse übereinstimmen. Das Bild der Figur 4 auf Tafel V würde ich dann so erklären, dass im Centrum eine Vermehrung der Nucleoli stattfindet, dass diese periodisch nach der Peripherie transportirt werden, um hier in das Protoplasma überzutreten.

Ich gebe gern zu, dass auch bei einer Untersuchungsweise, die den Vorgang nicht direct beobachtet, sondern nur aus den successiven Stadien erschliesst, beweiskräftigere Bilder möglich sind, als ich habe geben können. Schon um Vieles sicherer würde z B. die Beweisführung sein, wenn es mir geglückt wäre, das erste Auftreten der Kerne in der Centralkapsel zu beobachten und nachzuweisen, dass dieselben sich zuerst im Umkreis des Binnenbläschens auffinden, und dass um diese Zeit schon das Binnenbläschen gleich gestaltete Nucleoli enthält. Allein leider war unter meinem Beobachtungsmaterial kein derartiges Stadium vorhanden und so habe ich versuchen müssen mit dem Vorhandenen zum Abschluss zu kommen.

Zu Gunsten der vertretenen Ansicht muss ich weiterhin geltend machen, dass sie zur Zeit allein eine einheitliche Auffassung der Organisation und Entwicklung der Thalassicolla nucleata ermöglicht. Hierbei habe ich namentlich folgende Punkte im Auge:

1. Die Ansicht bringt einen ursächlichen Zusammenhang in Erscheinungen, die sonst unverknüpft neben einander herlaufen würden; sie erklärt uns, weshalb zwei Vorgänge, die ohnedem von einander unabhängig erscheinen würden, die Umbildung des Binnenbläschens

---

[1] Ich kann hierbei nur die wichtigsten Stadien, gleichsam die Grundzüge der Entwicklung herausgreifen. Um die Entwicklung in ihren Einzelheiten zu verfolgen, dazu ist einmal das Material nicht umfassend genug, andererseits der Entwicklungsgang zu mannigfaltig. Offenbar laufen viele individuelle Eigenthümlichkeiten und geringfügige Modificationen der Entwicklung mit unter, die es schwer fällt, schon jetzt nach ihrem Werthe zu beurtheilen. So sind die eigenthümlichen Einscheidungen der Binnenkörper Verhältnisse, über deren Bedeutung ich mir nicht klar geworden bin. Wenn ich somit manche Beobachtung selbst nicht verwerthen konnte, so hielt ich es doch für zweckmässig, sie möglichst genau darzustellen. Auf einem Gebiete, welches so wesentlichen Umänderungen entgegengeht wie die Kernfrage, können unter Umständen auch scheinbar nebensächliche Beobachtungen später eine Bedeutung gewinnen.

und die Umbildung des übrigen Centralkapselinhalts in einem ausgesprochenen Wechselverhältniss zu einander stehen.

2. Die Ansicht erklärt uns die Anwesenheit des Binnenbläschens. Wollte man annehmen, die Kerne entständen unabhängig von denselben, so bliebe seine Existenz völlig unverständlich; nehmen wir dagegen an, dass die Kerne vom Binnenbläschen aus entstehen, so gewinnt letzteres die Bedeutung eines Mutterkerns, welcher eine wichtige Rolle im Entwicklungsgang spielt.

3. Vor Allem aber bringt die Ansicht Continuität in Umwandlungsreihen, zu deren Erklärung man ohne sie discontinuirliche Vorgänge annehmen müsste. Aus dem primitiven Mutterkerne entstehen die Tochterkerne. Jeder dieser Kerne wird zum Kern eines Schwärmers, um wahrscheinlich schliesslich im weiteren Wachsthum zum Mutterkern zu werden und nun seinerseits eine junge Kernbrut als Ausgangspunkt einer zweiten Zellgeneration zu erzeugen.

Es liessen sich nun noch eine Anzahl allgemeiner theoretischer Betrachtungen verwerthen, allein ich übergehe dieselben, da ich ohnedies später noch einmal auf sie zurückkommen muss, wenn ich das Verhältniss der Radiolarien zur Zelltheorie im allgemeinen Theil besprechen werde; ich schliesse daher die Schilderung der Thalassicollen mit einer kurzen Zusammenfassung der wichtigsten Resultate, zu denen wir gelangt sind.

Die ausgebildete Thalassicolla nucleata besteht aus der Centralkapsel und dem extracapsulären Weichkörper. Erstere ist ein einzelliges Gebilde mit einer doppelt contourirten, von Canälen durchsetzten Membran, auf deren Innenfläche leistenförmige Erhebungen polygonale Figuren bilden, und einem hochdifferenzirten Nucleus, dem Binnenbläschen. Der Nucleus ist gleichfalls mit einer deutlich porösen Membran versehen und umschliesst einen wasserklaren Inhalt und entweder einen einzigen grossen verästelten oder zahlreichere kleinere Nucleoli, welche dann bald strangförmig, bald rundlich sind und aus dem Zerfall des ersteren entstehen. Im Protoplasma lagert eine beträchtliche Anzahl von Eiweisskugeln, welche entweder Oelkugeln oder geschichtete Concremente enthalten.

Die Grundlage des extracapsulären Weichkörpers ist eine homogene Gallerte von grosser Mächtigkeit, in welcher die extracapsuläre Sarkode sich verbreitet. Diese selbst steht durch die Poren der Kapselmembran mit der intracapsulären Sarkode in Zusammenhang und umgiebt die Centralkapsel mit einer dicken durch schwarzes Pigment ausgezeichneten Lage, von der aus zarte zu einem Netzwerk sich vereinende Fäden nach der Peripherie hin verlaufen und hier in die Pseudopodien übergehen. In den Netzen bilden sich Flüssigkeitsansammlungen, die Alveolen, die sich in zwei Schichten anordnen: kleinere welche eine innere Lage bilden und wegen der Starrheit der umgebenden Gallerte nicht collabiren können, und grössere Rindenalveolen, welche auf Reizung verschwinden. In der extracapsulären Sarkode liegen ferner noch die gelben Zellen.

Die Thalassicolla pflanzt sich durch einzellige Schwärmer fort. Dieselben entstehen wahrscheinlich, indem die Nucleoli des primitiven Kerns auswandern und sich in der Centralkapsel vermehren, bis sie dieselbe ganz erfüllen. Der primitive Kern bildet sich hierbei zurück und verschwindet vielleicht schliesslich vollkommen. Auch die Oelkugeln und Concremente (wahrscheinlich auch die gelben Zellen) werden aufgelöst. Dann zerfällt der Kapselinhalt in zahlreiche Stücke und diese wieder nach der Anzahl der in ihnen enthaltenen Kerne in einzelne Schwärmer. Aus den Schwärmern entstehen wahrscheinlich die Thalassicollen, indem der Kern des Schwärmers wächst und sich zum Binnenbläschen differenzirt.

2. Ueber den Bau der Thalassolampe margarodes.

Die Thalassolampe margarodes wurde von HAECKEL[1] in Messina beobachtet und genauer beschrieben und ist seitdem nicht wieder untersucht worden. Das ungefähr 3 mm. grosse Radiolar zeichnet sich im frischen Zustande durch seine völlige Farblosigkeit vor den meisten übrigen Radiolarien aus. Noch charakteristischer ist ein eigenthümlich opalisirender Schimmer, den HAECKEL richtig mit dem Glanz einer Perle vergleicht, weshalb er auch den Namen »margarodes« wählte. Dieser Schimmer wird durch die Lichtbrechung der regelmässig radienartig angeordneten, von dünnen Protoplasmasträngen getrennten Alveolen hervorgerufen, welche fast den ganzen Körper zusammensetzen und sogleich näher besprochen werden sollen.

Wie bei der Thalassicolla nucleata unterscheiden wir auch hier wieder die Centralkapsel und den extracapsulären Weichkörper und beginnen unsere Schilderung mit ersterer.

A. Centralkapsel.

Die Centralkapsel der Thalassolampe margarodes besitzt die ausserordentliche Grösse von 2 mm. und wird hierin nur noch von der bis zu 5 mm. messenden Kapsel des Physematium übertroffen. Bei der grossen Durchsichtigkeit der extracapsulären Gallerte fällt sie am lebenden Organismus allein in die Augen und scheint den gesammten Körper des Radiolars zu bilden. Genau in ihrem Centrum lagert ein 0,15—0,18 mm. grosser, kugeliger Körper[2], das Binnenbläschen. Dasselbe kann ohne jede Präparation schon bei Loupenvergrösserung wahrgenommen werden und unterscheidet sich durch seine leicht gelbliche Farbe von der farblosen Umgebung. Um seinen Bau genauer untersuchen zu können, muss man es isoliren, da die unregelmässigen Reflexe der Alveolen, welche das Binnenbläschen umlagern und die

---

[1] HAECKEL giebt als Maasse 1—2 mm. an; dieselben beziehen sich jedoch nur auf die Centralkapsel, da HAECKEL die Gallertschicht für etwas Pathologisches hält.

[2] HAECKEL giebt hier ebenfalls etwas abweichende Maasse an, 0,15—0,25 mm. Wenn wir bedenken, wie verschieden gross die Binnenbläschen der Thalassicollen sind, und wie diese Grössenunterschiede zu bestimmten Entwicklungsphasen in Beziehung stehen, so gewinnen diese Differenzen an Bedeutung und fordern zu einer Prüfung des Sachverhaltes an einem reicheren Material, als es mir möglich war, heraus.

Centralkapsel erfüllen, das Zustandekommen eines deutlichen Bildes verhindern. Die Isolation gelingt leicht, da schon ein schwacher Druck die zarte Kapselhülle sprengt und einen Theil des Inhalts heraustreten lässt, in dem sich dann fast stets das sehr früh sich hervordrängende Binnenbläschen befindet.

Das Binnenbläschen (Taf. III, Fig. 1) wird von einer eigenen Membran umgeben. Wie schon Haeckel mittheilt, ist dieselbe derb, resistent und von beträchtlicher Dicke und scheint »von feinen, sehr dicht stehenden Porencanälen durchsetzt zu sein«, so dass »sie von der Fläche gesehen dicht punktirt, fast wie gekörnt rauh aussieht«. Den Inhalt schildert Haeckel als eine ziemlich schwach lichtbrechende feinkörnige Flüssigkeit ohne weitere Formbestandtheile. Ich habe dagegen bei keinem der von mir untersuchten. ungefähr 20 Exemplaren, eine Anzahl runder oder ovaler Binnenkörper vermisst, die sich durch ihre Farblosigkeit leicht von der gelblichen, feinkörnigen Grundsubstanz des Binnenbläschens unterschieden. . Die Binnenkörper waren in der Anzahl von 4—8, meist 6 vorhanden, in einer Richtung leicht abgeplattet, so dass sie eine etwas scheibenförmige Gestalt annahmen, und bestanden aus einer meist völlig gleichmässigen und homogenen Substanz. Seltener liess sich an den Binnenkörpern eine Zusammensetzung aus einem homogenen Kern und einer körnigen Rinde erkennen, was an das Aussehen mancher Binnenkörper der Thalassicolla nucleata erinnert. Taf. III, Fig. 2.) Im Innern der Binnenkörper fanden sich entweder 1—2 Vacuolen oder statt ihrer Haufen von Fettkörnchen.

In Chromsäure gerannen die Binnenkörper zu einer homogenen, scharf contourirten Masse, während der umgebende. feinkörnige Blaseninhalt grobkörniger und dunkler wurde. In Carmin färbte sich das ganze Binnenbläschen sehr intensiv und trat nunmehr sehr deutlich aus seiner Umgebung hervor; noch stärker imbibirten sich die Binnenkörper, wie ich bei allmähligem Färben oder beim Zerquetschen des gefärbten Binnenbläschens nachweisen konnte.

Ob die Binnenkörper fehlen können, wie aus den Angaben Haeckel's hervorgehen würde, oder ob nicht vielmehr Zustände eintreten (Zerfall der Binnenkörper in zahlreiche kleine), welche sie schwer sichtbar machen, so dass sie leicht übersehen werden, lasse ich zunächst unentschieden. Die Analogie mit den bei Thalassicolla nucleata geschilderten Verhältnissen, wo die kleineren Binnenkörper ebenfalls von allen Beobachtern, mit Ausnahme von Joh. Müller, nicht beobachtet worden sind, machen mir letztere Annahme wahrscheinlich. Jedenfalls ist zu beachten, dass Haeckel die Thalassolampen zu einer anderen Jahreszeit als ich im Herbst) untersuchte, dass ferner seine Exemplare auch sonst noch von den meinigen sich unterschieden, so in der Ausbildung der Masse der intracapsulären Alveolen, der Anzahl der Kerne und Oeltropfen, alles Unterschiede, welche es mir wahrscheinlich machen, dass Haeckel ältere und in der Entwicklung weiter vorgeschrittene Thiere vor sich hatte.

Der Zwischenraum zwischen der derben Membran des Binnenbläschens und der sehr zarten Kapselmembran wird nach den Angaben Haeckel's zum grössten Theil von Hohlräumen eingenommen, die sich durch den Besitz besonderer Wandungen und eigener diesen Wandungen von Innen anklebender Kerne als ächte Zellen charakterisiren. HAECKEL bezeichnet sie als intracapsuläre Alveolen im Gegensatz zu den extracapsulären, welche bei den Thalassicollen und Sphaerozoiden vorkommen. Zwischen den Alveolen soll sich ein weitmaschiges Sarkodenetz ausbreiten, indem sich ausser zahlreichen Oelkugeln zweierlei Elemente vorfinden: 1. rundliche Körper, welche durch allerlei Uebergangsformen mit den Alveolen verknüpft sind und wahrscheinlich Entwicklungsstufen derselben vorstellen — HAECKEL hält dieselben ebenfalls für Zellen und vergleicht sie den wasserhellen Bläschen der übrigen Radiolarien —; 2. deutliche Kerne, die Sarkodekerne, die von den Kernen der Alveolen durch ihr geringeres Lichtbrechungsvermögen und ihre feine Granulirung unterschieden werden.

Von diesen Angaben weichen meine Beobachtungen in einigen für die Beurtheilung des Organismus sehr wichtigen Punkten ab. Der wichtigste Differenzpunkt betrifft den Bau und die histologische Deutung der intracapsulären Alveolen. (Taf. III, Fig. 4.) Dieselben sind Flüssigkeitsräume, die sich durch gegenseitigen Druck polygonal abplatten und von Innen nach Aussen an Grösse zunehmen, was ihnen eine auffallend radiäre, regelmässige Anordnung verleiht. Sie werden durch schmale Sarkodebrücken, die von einer das Binnenbläschen umgebenden Lage ausstrahlen, von einander getrennt. Ich fand diese Sarkodebrücken um Vieles schmäler, als sie HAECKEL abbildet, ein Unterschied, den ich schon oben auf eine vorgeschrittenere Entwicklungsstufe der von HAECKEL untersuchten Exemplare zurückgeführt habe.

Wichtiger als diese wahrscheinlich auf einer Altersverschiedenheit beruhende Differenz ist es, dass ich bei den von mir untersuchten Thalassolampen keinen Unterschied zwischen einer Alveolenmembran und einer zwischen den Alveolen sich ausbreitenden Protoplasmalage habe erkennen können; ich fand vielmehr, dass die Hohlräume der Alveolen ebenso unmittelbar vom Protoplasma umschlossen werden, wie die Vacuolen eines Actinosphaerium, dass sie somit wie diese auch als Vacuolen bezeichnet werden müssen. Es darf uns hierbei nicht beirren, dass sie erhalten bleiben, wenn man die Centralkapsel zerzupft, und dass dann einzelne — mit anhängenden Kernen siegelringartig aussehend — isolirt in der Zerzupfungsmasse herumschwimmen. Diese Eigenthümlichkeit muss auf die grosse Zähigkeit der Sarkode, die auch HAECKEL hervorhebt, und nicht auf die Anwesenheit besonderer Membranen zurückgeführt werden.

In den Sarkodebrücken, welche die einzelnen grösseren Vacuolen trennen, finden sich ganz so wie bei Actinosphaerium kleinere Vacuolen vor. Namentlich trifft man dieselben da, wo mehrere Scheidewände zusammenstossen. Es scheint mir sehr wahrscheinlich, dass es diese Vacuolen sind, welche HAECKEL als wasserhelle Bläschen in Anspruch genommen hat.

Weiterhin kann ich nicht den Unterschied bestätigen, den HAECKEL zwischen den Kernen, welche in der Wandung der Alveolen liegen, und solchen, die der Sarkode angehören, macht. In der Sarkode finden sich zwar zahlreiche Kerne, dieselben haben aber ein übereinstimmendes Aussehen und unterscheiden sich nur durch ihre Lagerung, je nachdem sie in den Brücken oder in dem Protoplasma, welches unter der Kapselmembran liegt oder endlich das Binnenbläschen umgiebt, sich vorfinden. Dass man häufig beim Zerzupfen Alveolen und denselben anliegende Kerne isolirt, beweist keineswegs ihre histologische Zusammengehörigkeit, sondern erklärt sich einfach daraus, dass letztere in den Protoplasmabrücken lagern und beim Zerreissen derselben an einer der beiden Hälften haften bleiben.

Die erwähnten Sarkodekerne sind rundliche oder ovale oder endlich bisquitförmig eingeschnürte Körper, deren Grösse von 0,008 — 0.015 mm. schwankt. Meist sind sie von einem homogenen Protoplasmahof umgeben, den man versucht sein könnte als Nucleus — den von ihm umschlossenen Kern dann als Nucleolus — zu deuten. Dieser Deutung widerspricht jedoch, dass der helle Hof bei Behandlung mit Reagentien sich nicht scharf gegen die Umgebung absetzt und dass ähnliche homogene Stellen im Protoplasma auch ohne Kerneinschlüsse vorkommen. Wir haben es somit mit einer einfachen Protoplasmastructur zu thun.

Ihrem Aussehen nach zu urtheilen sind die Kerne von grosser Zartheit und Weichheit. Dies bestätigt sich auch bei der Behandlung mit Reagentien. In Chromsäure gerinnen die Kerne nicht viel stärker als das umgebende Protoplasma; häufig nehmen sie dabei das schaumige Ansehen an, welches ich auch bei den Kernen der Collozoumschwärmer habe beobachten können. Imbibitionen mit Carmin und Haematoxylin sind mir nur selten geglückt. Meist färben sich Kerne und umgebendes Protoplasma, welches beim Gerinnen zähe dicke Lagen um die Kerne bildet, gleichmässig. In einigen Fällen ist es mir indessen gelungen, Kern und Protoplasmahülle durch eine gelungene Imbibition scharf zu unterscheiden. Die ungleichmässige Grösse der Kerne, die sich aus obigen Zahlenangaben entnehmen lässt, fällt dann noch mehr auf als im frischen Zustande.

Am reichlichsten werden die Kerne in dem das Binnenbläschen umgebenden Protoplasma angetroffen, nächstdem dicht unter der Centralkapselmembran, wo das Protoplasma ebenfalls eine ansehnlichere Lage bildet. An letzterer Stelle waren sie wiederum da am zahlreichsten, wo Scheidewände ins Innere der Alveolenschicht abgingen.

Einige Male habe ich in der Centralkapsel von Thalassolampe keine Kerne auffinden können; ich halte zwar die Beobachtungen nicht für genügend, um ihre Anwesenheit sicher in Abrede zu stellen; indessen da von Thalassicolla nucleata Zustände bekannt sind, bei denen der Mangel von Centralkapselkernen keinem Zweifel unterliegen kann, so wird die Annahme nahe gelegt, dass letztere auch bei Thalassolampe zu bestimmten Zeiten fehlen. Leider waren mir die hierher zu beziehenden Entwicklungsstadien der Thalassicolla noch unbekannt, als ich die Thalassolampen untersuchte.

Die Membran der Centralkapsel endlich zeichnet sich durch ihre ausserordentliche Feinheit aus, so dass sie kaum als eine zarte Trennungslinie zwischen intra- und extracapsu-

72

lärer Sarkode erkannt wird. Da sie sehr leicht einreisst, muss man die Thalassolampe, die sich sonst vortrefflich cultiviren lässt, vorsichtig behandeln.

B. Extracapsulärer Weichkörper.

Nach aussen von der Centralkapselmembran liegt eine ziemlich schmale schwer sichtbar zu machende Gallertschicht. Wie bei den übrigen Radiolarien, so stellt auch hier HAECKEL die Existenz derselben im frischen Zustande in Abrede und erklärt ihre Bildung für eine Leichenerscheinung. Ich habe mich indessen von ihrem Vorhandensein am lebenden Thiere überzeugen können, indem ich ein in einem kleinen Gefäss flottirendes Exemplar mit Carmin übergoss; die färbende Flüssigkeit machte in einiger Entfernung von der Oberfläche der Centralkapsel in einem Ring Halt. Es scheint mir dies zu beweisen, dass von Anfang an noch am lebenden Thier eine Gallerte vorhanden gewesen sein muss, denn es lässt sich wohl kaum annehmen, dass die Umwandlung der Pseudopodien so momentan eintreten könnte, wie es hier der Fall gewesen sein müsste. Einen weiteren Beweis für die Existenz einer Gallerte erblicke ich darin, dass, wenn man eine Thalassolampe mit einer Nadel berührt, dieselbe immer schon früher ausweicht, als die Spitze der Nadel die Centralkapseloberfläche erreicht. — Alveolen finden sich in der Gallerte niemals vor.

Die extracapsuläre Sarkode (Taf. III, Fig. 5) bildet rings um die Centralkapselmembran eine äusserst zarte Umhüllung, von der die ebenfalls zarten, verästelten und anastomosirenden Protoplasmafäden, welche sich in die Pseudopodien fortsetzen, ausstrahlen. Stellenweise finden sich kleine Verdickungen in diesem »Mutterboden der Pseudopodien«, welche zahlreichern Fäden zum Ursprung dienen und ausserdem meistens noch die gelben Zellen beherbergen. Dieselben sind, wie schon HAECKEL hervorhebt, den gelben Zellen der übrigen Radiolarien sehr wenig ähnlich; sie sind spärlich und sehr klein (Taf. III, Fig. 3.), und bestehen aus grossen Kernen und einer dünnen die letzteren einhüllenden Protoplasmaschicht, in welcher einzelne wenige grünlichgelbe Farbstoffkörnchen lagern; eine besondere Zellmembran habe ich an ihnen nicht erkennen können. Aus dieser Schilderung geht hervor, wie sehr die gelben Zellen der Thalassolampen den Entwicklungszuständen der gleichen Gebilde, die ich beim Collozoum inerme geschildert habe, ähnlich sind. Ausserdem finden sich hier und dort zerstreut gelbe Pigmentkörnchen in der äussern Sarkode.

Beurtheilung der Beobachtungen über Thalassolampe margarodes.

Die histologische Deutung der im Vorhergehenden geschilderten Bestandtheile der Thalassolampe hat mit keinen Schwierigkeiten zu kämpfen, da die Befunde im Wesentlichen mit dem übereinstimmen, was wir bei Thalassicolla kennen gelernt und daselbst eingehender besprochen haben. Das Binnenbläschen der Thalassolampe entspricht vollkommen dem Binnenbläschen der Thalassicolla, da es gleiche Reactionen ergiebt wie dieses und dieselben Bestandtheile besitzt: einen flüssigen Inhalt, eine Anzahl Binnenkörper und eine deutliche Membran; es muss somit ebenfalls als ein hochdifferenzirter Nucleus, seine Binnenkörper als Nucleoli gedeutet werden.   Das Protoplasma der Centralkapsel enthält bei Thalassolampe wie bei Thalassicolla, wenigstens auf bestimmten Stadien der Ausbildung, kleine homogene, durch Theilung sich vermehrende Kerne; es ist ferner wahrscheinlich, dass diesem Stadium ein Zustand vorausgeht, auf dem nur ein Hauptkern, das Binnenbläschen vorhanden ist, die kleinen Kernformen dagegen fehlen.

Alle Unterschiede betreffen dagegen Theile von geringer morphologischer Bedeutung. Der Gattung Thalassolampe eigenthümlich ist die blasige Structur des intracapsulären Protoplasma und die Kleinheit der gelben Zellen.   Dagegen zeichnet sich die Thalassicolla nucleata durch die eigenthümlichen Eiweisskugeln mit Concrementen und die hochdifferenzirte extracapsuläre Alveolenschicht aus, welche bei den Thalassolampen völlig fehlt.

IV. Allgemeiner Theil.

An den speciellen Theil, in dem ich mich darauf beschränkt habe, die Organisation einiger sehr verschiedenartig gebauter Radiolarien näher zu beschreiben und histologisch zu deuten, schliessen sich einige Fragen allgemeineren Inhalts an. Einmal gilt es die Beziehungen zu bestimmen, in denen die beschriebenen Formen zu den übrigen Radiolarien und diese wieder zu den anderen Classen der Rhizopoden stehen, ausserdem müssen wir das Verhältniss der Radiolarienorganisation zur Zelltheorie einer kurzen Besprechung unterwerfen.

1. Ueber das System der Radiolarien und Rhizopoden.

Die beschriebenen Arten der Radiolarien sind nach zwei wesentlich von einander verschiedenen Typen gebaut, welche wir als Collozoum- und Thalassicollatypus bezeichnen wollen. Wenn wir von dem morphologisch wenig bedeutsamen Unterschied absehen, dass die Collozoen coloniebildende, die Thalassicollen isolirt lebende Organismen sind, so weichen beide vornehmlich durch die Bildung der Centralkapsel von einander ab. In der Centralkapsel der Collozoen finden sich selbst bei jungen Individuen zahlreiche homogene Kerne vor; dagegen ist bei den Thalassicollen ursprünglich nur ein einziger hochdifferenzirter Zellkern vorhanden, für welchen wir bei den Collozoen kein Homologon nachweisen können, und erst allmählig bilden sich im Umkreis desselben homogene kleine Kerne aus, welche mit den beim Collozoum von Anfang an vorhandenen vergleichbar sind. Eine Zeit lang enthält somit die Centralkapsel der Thalassicollen zweierlei Kernformen, bis schliesslich in Folge der Rückbildung des Binnenbläschens kurz vor der Schwärmerbildung ein Zustand erreicht wird, auf dem die Centralkapsel im Bau mit der des Collozoum im Wesentlichen übereinstimmt.

Nach den Untersuchungen Haeckel's schliesst sich die überwiegende Mehrzahl der Radiolarien in ihrer histologischen Zusammensetzung den Collozoen an, insofern bei ihnen die Centralkapsel homogene Kerne besitzt. Hierher gehören unter Anderen die Familien der Cyrtiden, Acanthometriden, Disciden u. s. w. Nur ein verschwindend kleiner Theil ist nach dem Thalassicollatypus gebaut. Ein Binnenbläschen ist ausser bei Thalassolampe noch bei den übrigen grossen monozoen Radiolarien, welche die Familie der Colliden bilden, vorhanden, mit alleiniger Ausnahme der Gattungen Thalassosphaera und Thalassoplancta, bei denen HAECKEL nur kleine homogene Kerne hat nachweisen können. Ausserdem sind noch alle Aulosphaeriden und die Mehrzahl der Ethmosphaeriden — hier sind ausgenommen die Gattungen Ethmosphaera, Cyrtidosphaera und Arachnosphaera — mit einem Binnenbläschen versehen. Zweifellos besitzt der Unterschied, welcher in der Bildung des Weichkörpers durch das verschiedene Verhalten der Kerne bedingt wird, eine grössere systematische Bedeutung als der Bau und die Lagerung des Skelets und der Mangel oder das Vorhandensein der Coloniebildung, Charaktere, welche bei den bisherigen Classificationen der Radiolarien vornehmlich berücksichtigt worden sind; ich bin sogar der Ansicht, dass bei der Bildung grösserer natürlicher Gruppen der Bau der Centralkapsel das wichtigste Unterscheidungsmerkmal wird abgeben müssen. Gleichwohl trage ich Bedenken, tiefgreifende Umänderungen im System der Radiolarien vorzunehmen, da für systematische Anordnungen eigene Anschauung ein unumgängliches Erforderniss ist und ich zu wenig Radiolarienformen selbst beobachtet habe; daher beschränke ich mich auf einige Modificationen in der Umgrenzung der Collidenfamilie. Einerseits müssen die beiden Gattungen Thalassosphaera und Thalassoplancta — von denen die erstere dem Sphaerozoum so sehr ähnelt, dass man sie für eine abgelöste Centralkapsel einer noch unbekannten Colonie halten könnte — von den Colliden getrennt werden, andererseits müssen wir letztere mit den Aulosphaeriden und der Gattung Heliosphaera, vielleicht auch Diplosphaera bereichern. Erstere Umänderung halte ich unbedingt für nöthig, da bei den genannten beiden Genera noch kein Binnenbläschen hat nachgewiesen werden können, zu letzterer lasse ich mich um so leichter bestimmen, als schon HAECKEL[1] wiederholt auf die aus der Bildung des Skelets sich ergebenden nahen verwandtschaftlichen Beziehungen der Aulosphaeren und Heliosphaeren zu der Collidengattung Aulacantha hingewiesen hat. Besonders nahe stehen sich Aulosphaera und Aulacantha, da bei beiden das Skelet sich aus radiär und tangential angeordneten Stücken zusammensetzt und die einzelnen Stücke bei beiden von einem Axencanal durchbohrt werden, was in der Classe der Radiolarien sehr selten nachgewiesen werden kann.

Demnach würde ich in der Familie der Thalassicolliden die Genera Thalassicolla, Thalassolampe, Myxobrachia, Physematium, Aulacantha, Aulosphaera, Heliosphaera, vielleicht auch Diplosphaera zusammenfassen und dieselbe folgendermassen definiren:

Collida. Skelet fehlt oder besteht aus mehreren einzelnen, rings um die Centralkapsel gelagerten Stücken oder einer extracapsulären Gitterkugel. Centralkapsel kugelig, stets mit einem centralen, hochdifferenzirten Zellkern, dem Binnenbläschen, versehen.

Die beiden durch unsere bisherige Betrachtung unterschiedenen Typen der Radiolarien haben eine Anzahl Charaktere gemeinsam, welche für die Charakteristik der ganzen Classe von Bedeutung sind.

[1] HAECKEL, Radiolarien, pag. 233 u. 358.

Bei der Thalassicolla sowohl, als beim Collozoum wird ein Theil des Protoplasmakörpers, in dem die Kerne lagern, von einer porösen Membran umschlossen und so von dem Rest, welcher keine Kerne enthält und nach aussen von der Membran lagert, getrennt; diese Differenzirung des Körpers in die Centralkapsel und den extracapsulären Weichkörper lässt sich durch die ganze Classe hindurch verfolgen und bildet, wie zuerst HAECKEL nachgewiesen hat, den wichtigsten Grundzug der Organisation.

Ausserdem besitzen alle Radiolarien eine Gallertschicht, welche eine mehr oder minder dicke Lage im Umkreis der Centralkapsel bildet. Zwar erwähnt HAECKEL nicht in allen Detailschilderungen ausdrücklich die Anwesenheit der Gallerte, indessen führt er in der zusammenfassenden Besprechung der Radiolarien die »Imbibitionsfähigkeit und Quellbarkeit« der Sarkode als ein allgemein verbreitetes Merkmal derselben auf.

Endlich sind noch die gelben Zellen, welche wir bei allen untersuchten Radiolarien vorgefunden haben, in der gesammten Classe weit verbreitet. Dieselben fehlen nur den Acanthometriden, welche sich hierdurch in einem auffallenden Gegensatz zu allen übrigen Familien befinden[1]. Zwar existiren in ihrer Sarkode Pigmentkörper, welche häufig auch gelb gefärbt sind, dieselben liegen jedoch, wie HAECKEL gezeigt hat, im Innern der Centralkapsel und scheinen mir überhaupt nicht den Formwerth von Zellen zu besitzen.

Ein weiteres gemeinschaftliches Merkmal der Thalassicollen und Collozoen finde ich endlich in ihrer Entwicklungsgeschichte. Einmal stimmen beide Arten darin überein, dass sich der gesammte Körper in zahllose Schwärmeranlagen auflöst, zweitens ist die Form des Schwärmers eine gleiche; derselbe ist im Grossen und Ganzen oval gestaltet und besitzt ein hinteres, von Fettkörnchen angefülltes und ein vorderes homogenes Ende, welches letztere die einfache Geissel trägt und einen relativ sehr grossen homogenen Kern umschliesst. Wie sich nun die übrigen Radiolarien in dieser Hinsicht verhalten, lässt sich nicht entscheiden, da keine Untersuchungen hierüber vorliegen; nur bei einer Acanthometra hat JOH. MÜLLER denselben Entwicklungsgang angetroffen; diese Beobachtung, sowie der Bau der Radiolarien machen es wahrscheinlich, dass die Schwärmerbildung überall in gleicher Weise erfolgt.

Wenn wir die besprochenen gemeinsamen Merkmale der Radiolarien noch einmal kurz zusammenfassen, so erhalten wir folgende Charakteristik der ganzen Classe:

Die Radiolarien sind Rhizopoden mit spitzen, verästelten, meist anastomosirenden und Körnchen führenden Pseudopodien und einem Körper, der entweder zahlreiche homogene kleinere Kerne oder einen einzigen grösseren, hochdifferenzirten Kern, das Binnenbläschen, umschliesst. Der Körper wird

---

[1] Auch dieser Charakter muss bei der Bildung eines natürlichen Systems der Radiolarien in erster Linie mit berücksichtigt werden, wie denn auch sonst die Acanthometriden mannigfache Eigenthümlichkeiten erkennen lassen, so die Bildung der Gallerte, welche sich in regelmässig angeordnete Einscheidungen der Pseudopodien, die »Gallertcilien«, erhebt. Auffallend sind hierbei die von J. MÜLLER und besonders von HAECKEL nachgewiesenen nahen Beziehungen des Skelets zum Skelet der »Acanthometrae cataphractae« unter den Ommatiden.

ferner durch eine allseitig geschlossene poröse Membran in einen inneren
kernführenden und äusseren kernlosen Theil, (die Centralkapsel und den
extracapsulären Weichkörper), geschieden. Die Centralkapsel ist von einer
homogenen Gallerte umschlossen; in der extracapsulären Sarkode finden sich
meist zahlreiche gelbe Zellen.

Die Fortpflanzung erfolgt (wahrscheinlich stets) durch einen Zerfall
des ganzen Körpers in einzellige mit einer Geissel versehene Schwärmer.

Die gegebene Charakteristik bildet die Grundlage, von der wir ausgehen, wenn wir
im Folgenden das Verhältniss der Radiolarien zu den übrigen Rhizopoden näher erörtern.

In einer früheren Arbeit habe ich die Radiolarien »wegen der sich weit über die
Organisation der Polythalamien und Heliozoen erhebenden Differenzirung ihres Körpers« von
den Rhizopoden zu trennen versucht. Ich ging damals von der Ansicht aus, dass die wasserhellen Bläschen, die intra- und extracapsulären Alveolen, sowie manche anderweitige Bildungen
(die centripetalen Zellgruppen, Pigmentzellen u. s. w.) ächte membranführende Zellen seien,
dass somit bei den Radiolarien eine eigenartige histologische Differenzirung stattgefunden habe.
welche ihnen eine Ausnahmestellung anweisen würde. Da die namhaft gemachten Voraus-
setzungen sich nicht bestätigt haben, halte ich nunmehr selbst die Abtrennung der Radiolarien
von den übrigen Rhizopoden für ungerechtfertigt, um so mehr als die wichtigste histologische
Differenzirung, die Bildung der gelben Zellen, sich erst innerhalb der Classe selbst entwickelt hat.

Wenn wir dem Gesagten zu Folge die Radiolarien für ächte Rhizopoden halten müssen,
so frägt es sich jetzt weiter, in welchen verwandtschaftlichen Beziehungen dieselben zu den
anderen Classen stehen. Hierbei bedarf es keiner besonderen Erörterung, um zu zeigen,
dass die Radiolarien und die von mir als Thalamophoren vereinigten Foraminiferen und Süsswassermonothalamien keine engere Gemeinschaft mit einander erkennen lassen. Das Gleiche
gilt von den Formen, welche Haeckel als Moneren und Amoeben zusammengefasst hat. Es
kann sich somit hier nur um das Verhältniss der Radiolarien zu den Heliozoen handeln.

In der Neuzeit betrachten zahlreiche Forscher die Heliozoen nicht allein als Nächstverwandte der Radiolarien, sondern sie haben sogar versucht, erstere ganz mit letzteren zu
verschmelzen und die einzelnen Heliozoengenera den Familien der Radiolarien einzuordnen.
Ich habe bei einer früheren Gelegenheit[1] die Gründe geltend gemacht, welche gegen diese
Anschauungsweise sprechen; da sich inzwischen meine Auffassung der Radiolarienorganisation
nicht unwesentlich verändert hat, so halte ich mich für verpflichtet, noch einmal auf diese
Frage zurückzukommen.

[1] R. Hertwig u. E. Lesser: Ueber Rhizopoden und denselben nahe stehende Organismen. Arch. f. mikr.
Anat., Bd. X. Suppl. pag. 147.

78

Schon bei der früheren Besprechung habe ich hervorgehoben, dass die hauptsächlichste Veranlassung zur Vereinigung der Radiolarien und Heliozoen wohl in der grossen Formenähnlichkeit beider Classen gesucht werden muss. Die Heliozoen besitzen einen kugeligen Körper, von dessen Oberfläche die gleichmässig vertheilten Pseudopodien wie die Strahlen einer Sonne entspringen und nur selten wird das Verhältniss bei gestielten Formen (Actinolophus pedunculatus) durch einseitige Entwicklung der Pseudopodien getrübt. Das Gleiche gilt von einem grossen Theil der Radiolarien, namentlich von den regelmässig kugelig gestalteten Colliden, Ethmosphaeriden, Acanthometren u. s. w. Bei einem anderen sehr beträchtlichen Theil, z. B. allen Cyrtiden, vielen Acanthometren etc. werden zwar einaxige Grundformen durch die ungleichmässige Entwicklung der einzelnen Seiten hervorgerufen, es können sogar manche Radiolarien, wie die Litheliden und Discospiren, einen ausgezeichnet spiralen Bau, ähnlich demjenigen vieler Foraminiferen, annehmen; indessen scheint es mir, als ob alle diese extremen Formen von einer ursprünglich homaxonen Grundform abgeleitet werden müssen, und halte ich es sogar für möglich, dass sich die Richtigkeit dieser Auffassung noch auf entwicklungsgeschichtlichem Wege wird beweisen lassen. Man kann dies Verhältniss so ausdrücken, dass beide Classen ursprünglich eine homaxone Grundform besessen haben, dass diese bei den Heliozoen nur wenig modificirt worden ist, während sie bei einem grossen Theil der Radiolarien tiefgreifende Veränderungen erfahren hat.

Weiterhin habe ich darauf aufmerksam gemacht, dass eine Summe übereinstimmender Merkmale durch Aehnlichkeiten in der Form und der chemischen Zusammensetzung (Verkieselung) des Skelets hervorgerufen werden, musste aber gleichzeitig hervorheben, dass diese Aehnlichkeiten viel an Bedeutsamkeit verlieren, wenn wir sehen, dass ähnliche Skeletformen bei einer ganzen Anzahl niederer Organismen wiederkehren.

Den beiden besprochenen übereinstimmenden Merkmalen haben GRENACHER[1] und GREEFF[2] zwei weitere angereiht, indem sie die Anwesenheit der Centralkapsel oder eines Homologon derselben und die Ausbildung von Axenfäden im Innern der Pseudopodien als beiden Classen gemeinsame Charaktere hinstellten. Was den ersten Punkt anlangt, so bin ich bei der Untersuchung der Heliozoen zu dem Resultate gelangt, dass hier ganz heterogene Bestandtheile unter einem gemeinsamen Namen zusammengefasst worden sind; ich habe damals die einzelnen Theile auf ihre wahre Bedeutung zurückzuführen versucht und halte meine Angaben auch jetzt noch in vollem Umfang aufrecht. Nachdem ich inzwischen die Radiolarien aus eigener Anschauung kennen gelernt habe, kann ich nur aufs Neue betonen, dass unter den ver-

[1] GRENACHER, Bemerkungen über Acanthocystis viridis. Zeitschr. f. wissensch. Zool. Bd. XIX, pag. 289 u. Ueber Actinophrys sol. Verh. der phys. med. Gesellsch. zu Würzburg, N. F., Bd. I, pag. 166.
[2] GREEFF, Ueber Radiolarien und radiolarienartige Rhizopoden des süssen Wassers, I. Arch. f. mikroskop. Anat., Bd. V, pag. 464; II. Bd. XI, pag. 1 u. Ueber die Actinophryen als ächte Radiolarien zur Familie der Acanthometriden gehörig. Sitzungsb. der Niederrheinisch. Gesellsch., Januar 1871 u. Ueber Radiolarien und radiolarienartige Rhizopoden des süssen Wassers. Sitzungsber. der Gesellschaft für Naturw. zu Marburg. 1873, No. 5.

schiedenen Theilen der Heliozoenorganisation, welche für Centralkapseln gehalten worden sind, sich auch kein einziger befindet, welcher diese Deutung verdient. Am meisten Aehnlichkeit mit einer Centralkapsel besitzt noch die von mir näher beschriebene Differenzirung des Körpers der Acanthocystiden und Nächstverwandter in eine homogene Mark- und körnige Rindenschicht; da jedoch diese Sonderung nicht durch eine besondere Membran hervorgerufen wird, so fasse ich sie zunächst lediglich als die Folge einer eigenthümlichen Anordnung des Protoplasma auf; wenn ich auch nicht in Abrede stellen will, dass sich vielleicht in Zukunft Beziehungen zur Centralkapseldifferenzirung der Radiolarien werden auffinden lassen, so muss ich doch betonen, dass zur Zeit noch die Anhaltspunkte fehlen, um die Marksubstanz der Heliozoen für eine primitive Form von Centralkapsel zu halten [1].

Während somit ohne genügende Begründung ein für die Radiolarien charakteristisches Merkmal auf die Heliozoen übertragen worden ist, scheint mir in den Axenfäden der Pseudopodien eine Eigenthümlichkeit der Heliozoen vorzuliegen, die zunächst wenigstens ungerechtfertigter Weise auch den Radiolarien zuertheilt wird.

Nachdem zuerst M. Schultze [2] im Inneren der Pseudopodien von Actinosphaerium homogene Axenfäden beobachtet hatte, welche nach seiner Ansicht aus dichterem Protoplasma bestehen und an der Grenze der Marksubstanz angelangt in die Scheidewände der kleineren Alveolen übergehen sollten, machte Greeff die wichtige Entdeckung, dass die Gebilde im Inneren ähnlich wie nach aussen zugespitzt enden und demgemäss nicht mit dem Protoplasma in Zusammenhang stehen, sondern besondere Stützapparate der Pseudopodien bilden. Zu denselben Resultaten gelangten später F. E. Schulze [3] und E. Lesser.

Gleiche Axenfäden beobachteten Grenacher und Greeff bei Actinophrys sol und Acanthocystis viridis. Bei letzterer sollen dieselben nach Grenacher's Untersuchungen sich in einem centralen, in einem besonderen hellen Raum gelegenen Korn vereinigen; im Umkreis dieses centralen Kornes beschrieb Greeff später zwei concentrische Kreise, welche er als Binnenbläschen und Centralkapsel deutete, die aber in der That dem Kern und seinem Kernkörperchen entsprechen. Greeff's auf Acanthocystis sich beziehende Angaben wurden von F. E. Schulze [4] durch Beobachtungen an Raphidiophrys pallida dahin berichtigt, dass Kern und Axenfäden in keiner Verbindung mit einander stehen, letztere in der That in einem centralen Korn enden, während ersterer zwischen den ausstrahlenden Radien lagert. Diese Schilderung Schulze's kann ich selbst durch neuere Untersuchungen der Acanthocystis aculeata bestätigen [5].

---

[1] Ein solcher Anhaltspunkt würde gegeben sein, wenn es gelänge nachzuweisen, dass die Centralkapselanlage, noch bevor eine Membran ausgeschieden worden ist, sich in einer Differenzirung des Protoplasma zu erkennen giebt. Nach den Mittheilungen Cienkowski's könnte man an ein derartiges Stadium denken (vergl. Cienkowski, A. f. m. A. Bd. VII, pag. 374 und Taf. XXIX, Fig. 1).

[2] M. Schultze, das Protoplasma der Rhizopoden und Pflanzenzellen, pag. 30 u. f. Leipzig 1863.

[3] Schulze, Rhizopodenstudien I. Arch. f. mikrosk. Anat. Bd. X, pag. 328.

[4] Schulze, Rhizopodenstudien II. Arch. f. mikrosk. Anat. Bd. X, pag. 377.

[5] Bei Acanthocystiden, welche in Osmiumsäure erhärtet und dann mit Beale'schem Carmin gefärbt waren,

M. Schultze und später auch Grenacher und Greeff haben nun die Vermuthung ausgesprochen, dass der bei den Heliozoen vorhandene feinere Bau der Pseudopodien auch bei den Radiolarien nachweisbar sei; sie stützen sich hierbei auf Angaben Claparède's, Müller's und Haeckel's, welche vornehmlich Acanthometren betreffen.

Die Mittheilungen Claparède's[1] sind für die Entscheidung der uns hier beschäftigenden Frage bedeutungslos. Denn der Satz: »les pseudopodes se continuent dans une direction radiaire à l'intérieur de la surface du corps, sans se confondre avec celle-ci«, bezieht sich darauf, dass die Pseudopodien die Gallertschicht durchbohren, welche von Claparède im Anschluss an Joh. Müller für protoplasmatisch gehalten wurde; über das Verhalten der Pseudopodien im Innern der Centralkapsel wird hierdurch Nichts ausgesagt. Ebenso wird auch durch Müller's Folgerung[2], dass die Pseudopodien tief im Inneren des Acanthometrenkörpers entspringen müssen, da sie durch den Canal der Stacheln bis ins Centrum vordringen, die Existenz von Axenfäden nicht einmal wahrscheinlich gemacht, ganz abgesehen davon, dass die Stacheln der Acanthometriden gar nicht hohl sind, sondern in ganzer Dicke von Kieselsäure oder einer organischen Grundsubstanz gebildet werden. Was schliesslich die Angaben Haeckel's[3] anlangt, so ist die von Greeff namentlich betonte Vermuthung desselben, dass das Binnenbläschen Ausstrahlungsheerd der Pseudopodien sei, wohl kaum mit dem Nachweis der Kernnatur des Gebildes vereinbar, andererseits ist die Beobachtung einer radienartigen Anordnung der Körnchen in den Centralkapseln durchsichtiger Radiolarien nicht prägnant genug, um als Beweis verwerthet zu werden, dass besondere ins Innere der Centralkapsel eindringende Axenfäden vorhanden sind.

Ich selbst habe bei den von mir untersuchten Arten keine Axenfäden auffinden können; ich kann mir sogar nicht einmal vorstellen, dass sie hier existiren sollten, wenn ich sehe, dass die Pseudopodien sich innerhalb der Gallerte in ein Netzwerk dünner Protoplasmafäden auflösen. So lange daher keine sicheren Nachweise von Axenfäden bei den Radiolarien beigebracht werden, halte ich diese Structur der Pseudopodien für eine den Heliozoen allein zukommende Eigenthümlichkeit.

Dem Gesagten zufolge beschränkt sich das Gemeinsame von Heliozoen und Radiolarien auf die zwei schon früher hervorgehobenen Charaktere, die Aehnlichkeit der Körperform und

fand ich stets ein centrales Korn und häufig von diesem ausgehend eine Anzahl Fäden, die ich jedoch nicht bis zur Oberfläche des Körpers verfolgen konnte. Diese Fäden waren offenbar die Ueberreste der Radienfigur. Der Kern lagerte excentrisch und besass in einigen Fällen die conisch nach aussen verbreiterte Gestalt, welche F. E. Schultze von ihm abbildet. Ausserdem liess sich noch die Differenzirung in Rinden- und Marksubstanz nachweisen, von denen letztere den Kern und das centrale Körperchen enthielt und sich in Carmin stärker imbibirte. Beide Structuren, Radienfigur und Differenzirung in Mark- und Rindensubstanz, kommen somit gleichzeitig und neben einander vor.

[1] Claparède et Lachmann: Etudes sur les Infusoires et Rhizopodes I, pag. 459.
[2] J. Müller's Abhandlung, pag. 14.
[3] Haeckel, Radiolarien, pag. 74.

die wenig bedeutsame Uebereinstimmung im Bau des Skelets; in allen übrigen Stücken weichen beide Classen wesentlich von einander ab.

Die Radiolarien unterscheiden sich von den Heliozoen durch die Centralkapsel, die Gallerthülle und zum grösseren Theil wenigstens durch den Besitz der gelben Zellen. Ausserdem ist noch die Art der Fortpflanzung für die Radiolarien charakteristisch, da ein Zerfall des Körpers in zahlreiche kleine Schwärmsporen, wie wir ihn bei Thalassicolla und Collozoum kennen gelernt haben, bei keinen anderen Rhizopoden nachgewiesen werden kann, am wenigsten bei den Heliozoen, bei denen durch einfache Theilung nur eine kleine Anzahl junger Individuen entsteht. Auch die Form und der Bau des Schwärmers sind beträchtlich abweichend[1]; bei den Radiolarien besitzt der Schwärmer einen homogenen Kern, keine Vacuole und nur eine Geissel, während er bei den Heliozoen wie bei den meisten Rhizopoden mit zwei Geisseln, mehreren contractilen Vacuolen und einem in Kernvacuole und Kernkörperchen differenzirten Nucleus versehen ist[2].

Bei der grösseren Einfachheit der Organisation lassen sich nur wenige Charaktere nachweisen, welche die Heliozoen vor den Radiolarien voraus haben und diese sind nur von untergeordneter Bedeutung, so die Differenzirung der Pseudopodien in Rindenschicht und Axenfäden, die Anwesenheit contractiler Vacuolen und die mehr oder minder deutlich ausgeprägte Sonderung des Protoplasma in eine dichtere Mark- und weichere Rindensubstanz. Vorkommnisse, über deren Verbreitung wir übrigens noch nicht genügend orientirt sind.

Wenn wir nunmehr aus dem Vergleich der Organisation der Heliozoen und Radiolarien die Resultate ziehen, so kann es keinem Zweifel unterliegen, dass die unterscheidenden Cha-

---

[1] Am meisten Aehnlichkeit besitzt noch der Entwicklungsgang der Radiolarien mit dem der Myxomyceten, letztere unterscheiden sich jedoch durch die Bildung eines gemeinsamen Sporangium und specieller Sporenhüllen, ausserdem noch in den meisten Fällen durch eine Anzahl accessorischer Apparate, wie die Columella, das Capillitium u. s. w.

[2] Den Unterschieden in der Fortpflanzung möchte ich, wie ich hier ausdrücklich hervorhebe, keine allzu grosse Bedeutung beimessen, da dieselbe gerade bei den Rhizopoden sich sehr verschiedenartig gestaltet. Wie sehr die Entwicklung selbst innerhalb kleiner Gruppen variirt, dafür liefern die Heliozoen zahlreiche Beispiele. Bei Clathrulina allein können wir 3 Arten der Fortpflanzung nachweisen: 1. einfache Theilung; 2. Theilung mit Schwärmerbildung; 3. Encystirung mit Theilung und Schwärmerbildung. Bei Acanthocystis kommt einfache Zweitheilung vor, ausserdem aber noch ein ganz eigenthümlicher Fortpflanzungsmodus, den ich leider nur ein einziges Mal habe verfolgen können. Es schnürte sich hier ein Theil des Körpers und des umhüllenden Skelets ab, blieb aber mit der Acanthocystis durch eine Anzahl der hier vorhandenen tangential gelagerten Nadeln im Zusammenhang und entwickelte keine Pseudopodien. Nach einiger Zeit theilte sich das abgelöste Stück in 6 Theile, welche alle durch dieselbe Oeffnung des umhüllenden Skelets auskrochen und kleine, zunächst noch skeletlose Acanthocystiden bildeten. Die nunmehr entleerte Schale fiel nach einiger Zeit ab und das Mutterthier bildete durch Abschnürung eines Theiles seines Körpers von Neuem eine Brutkapsel, deren Weiterentwicklung ich jedoch nicht verfolgen konnte, da der Organismus abstarb. Der ganze Process dauerte zwei Tage. Wie beträchtlich der Unterschied zwischen der geschilderten Entwicklungsweise und der einer Clathrulina ist, bedarf keiner besonderen Betonung; gleichwohl würde sich wohl Niemand deshalb gegen die systematische Vereinigung beider Arten in der Classe der Heliozoen erklären.

raktere bei weitem das beiden Classen Gemeinsame überwiegen. Jedenfalls müssen wir es als feststehend betrachten, dass alle diejenigen Formen, welche bisher als Radiolarien zusammengefasst worden sind, engere verwandtschaftliche Beziehungen zu einander als zu den Heliozoen erkennen lassen und dass aus diesem Grunde Heliozoen und Radiolarien als zwei getrennte Gruppen neben einander aufgeführt werden müssen. Diese Trennung würde auch dann noch aufrecht zu erhalten sein, wenn sich die Marksubstanz der Heliozoen als primitivste Form einer Centralkapseldifferenzirung ausweisen sollte.

Schwieriger ist die Frage zu entscheiden, ob es sich empfiehlt, beide Classen zu einer einzigen zu vereinen, welche sich den von mir als Thalamophoren zusammengefassten Foraminiferen und Süsswassermonothalamien anreihen würde, oder ob es richtiger ist Heliozoen, Radiolarien und Thalamophoren als einander gleichwerthige Gruppen aufzuführen. Im ersteren Falle würde es zweckmässig sein, den Radiolarien einen weiteren Umfang zu geben und diese selbst in die beiden Unterclassen der Cytophoren (HAECKEL) und Heliozoen (HAECKEL) einzutheilen. — Hier kann man zur Zeit getheilter Meinung sein, je nachdem man der Formähnlichkeit eine grössere oder geringere Bedeutung beimisst; die Frage würde zu Gunsten der ersten Ansicht sich entscheiden, wenn sich bei den Heliozoen eine allmählige Ausbildung eines der Centralkapsel homologen Körpertheils in oben angedeutetem Sinne nachweisen liesse [1].

Vorstehende Erörterung, glaube ich, trägt den Beziehungen der Radiolarien und Heliozoen, soweit sie sich aus sicher constatirten Beobachtungen ergeben haben, Rechnung, ohne über die Möglichkeit fernerer Anknüpfungspunkte im Voraus abzuurtheilen; ein wesentlicher Zweck der Darlegung war hierbei, irrigerweise angestellte Vergleichungen auszuscheiden und die Punkte hervorzuheben, welche für die Beantwortung der systematischen Frage allein von Bedeutung sind.

2. Die Radiolarien und die Zelltheorie.

Die histologische Auffassung, welche wir vom Bau der Radiolarien gewonnen haben, ist eine wesentlich einfachere als die früher angenommene. Namentlich ist eine beträchtliche

---

[1] Mir scheint zur Zeit sich folgende Eintheilung der aus undifferenzirter Sarcode sich aufbauenden Organismen, der Sarcodinen oder Rhizopoden, am meisten zu empfehlen. 1. Thalamophora, 2. Heliozoa, 3. Radiolaria resp. 1. Thalamophora, 2. Radiolaria mit den Unterclassen der Heliozoa und Cytophora). Vielleicht möchte es ferner zweckmässig sein, die Myxomyceten als eine 4. Classe anzuschliessen. Die genannten Classen halte ich für naturgemässe wohlcharakterisirte Gruppen. Neben denselben bestehen nun noch zahlreiche andere Formen, die bunte Schaar der Amoeben mit und ohne Umhüllung, mit und ohne Kern, Formen, welche keine engeren Beziehungen weder in ihrer Form noch in ihrem Bau erkennen lassen. Diese Organismen kann man vorläufig mit HAECKEL in den Classen der Moneren und Amoeben unterbringen und sie in Gymnomoneren und Lepomoneren, Gymnamoeben und Lepamoeben eintheilen, bis wir mehr von ihnen wissen und eine bessere Uebersicht über die Formenverschiedenheit hier erlaubt, naturgemässere Gruppen zu bilden.

Vereinfachung durch den Nachweis gewonnen worden, dass die hellen Bläschen im Innern der Centralkapsel und die extra- und intracapsulären Alveolen keine Zellen sind, sondern erstere die Bedeutung von Kernen, letztere die von Vacuolen besitzen. So mannigfaltig auch die Bildungen sind, welche wir in einzelnen Fällen vorfinden (Concretionen, Oelkugeln, Gallertschicht, Kapselmembran, Alveolen), so sind es doch nur Differenzirungen, wie sie im Rahmen einer einzigen Zelle möglich sind, für welche wir Analoga aus der thierischen und pflanzlichen Histologie aufführen können. Wenn wir die Classe der Infusorien vergleichen, so begegnen wir sogar einzelligen Organismen, bei denen sich eine beträchtlich mannigfaltigere und höhere histologische Entwicklung ausgebildet hat. — Auffallend bleibt nur das Vorkommen der gelben Zellen. Ist die von mir gegen Cienkowski vertheidigte alte Auffassung von der Zugehörigkeit der gelben Zellen zum Organismus der Radiolarien richtig und bestätigt sich meine Ansicht von der Art ihrer Entstehung, so würden wir mit abgeschlossenen Zellindividuen bei Organismen, welche aus einem vielkernigen Protoplasma bestehen, zu thun haben und würden einen Fall von ächter endogener Zellentwicklung, d. h. von Neubildung von Tochterzellen im Innern des Protoplasma der Mutterzelle constatiren können, eine Form der Zellbildung, welche wir zur Zeit nur von wenigen Fällen kennen[1].

Das Gesagte gilt namentlich von den nach dem Collozoumtypus gebauten Radiolarien. Bei den Colliden dagegen findet sich noch eine weitere Eigenthümlichkeit von allgemeinerem histologischen Interesse, insofern hier im Zellprotoplasma zwei verschiedene Kernformen neben einander vorkommen. Bei Thalassicolla und Thalassolampe konnten wir aus eigener Beobachtung, bei den übrigen Colliden mit Hilfe der in der Literatur vorliegenden Angaben den Nachweis führen, dass zu einer bestimmten Zeit ein hochdifferenzirter Nucleus das Binnenbläschen, und zahlreiche kleine homogene Nuclei im Protoplasma der Centralkapsel vorhanden sind. Ich habe dieses eigenthümliche Verhältniss in der Weise erklärt, dass die kleinen Centralkapselkerne sich vom Binnenbläschen und zwar von den Binnenkörpern desselben ableiten, und habe mit dieser Deutung einen Modus der Kernvermehrung angenommen, welcher sich wesentlich von den bekannten unterscheidet und durch keine Beobachtungen der thierischen und pflanzlichen Histologie bis jetzt bewiesen ist. Denn wenn wir den Vorgang histologisch zu deuten versuchen, so würden wir zu dem Resultate gelangen, dass Kerne sich nicht allein durch Theilung oder Knospung vermehren können, sondern dass sie auch entstehen, indem die Kernkörper eines Kerns sich durch Theilung vervielfältigen, auswandern und im Protoplasma der zugehörigen Zelle zu selbstständigen Kernen werden.

Diese Art der Kernvermehrung mag auf den ersten Blick befremden, sie verliert jedoch viel von ihrem Eigenthümlichen, wenn wir uns an die Auffassung von der Bedeutung

---

[1] Hier würden weiterhin die centripetalen Zellgruppen der Physematien anzuschliessen sein, wenn es sich bestätigen sollte, dass dieselben in der That ächte Zellen sind.

84

der Kerntheile halten, welche ich in einem früheren Aufsatz entwickelt habe[1]. Daselbst habe
ich aus einer Vergleichung der verschiedensten Kernformen den Schluss gezogen, dass das
Wesentliche am Kern von einem homogenen Eiweisskörper gebildet wird, welcher sich durch
eine Summe vitaler und mikrochemischer Eigenschaften auszeichnet und der deshalb als Kernsubstanz bezeichnet werden kann. Bei einfachen homogenen Kernen, die ich deshalb auch
als die primitiven ansehe, ist die Kernsubstanz gleichmässig von einer wahrscheinlich eiweiss-
haltigen Flüssigkeit, dem Kernsaft, durchtränkt; — hierher würden die gewohnlichen Centralkapselkerne und die Kerne der gelben Zellen zu rechnen sein; — in anderen Fällen differenzirt sich der Kern und geht Veränderungen ein; so kann namentlich der Kernsaft sich ausscheiden und eine Vacuole bilden, in welcher die verdichtete Kernsubstanz als ein besonderer
Körper, der Nucleolus, lagert. Die Kernvacuole kann sich ferner mit einer besonderen Membran umgeben, welche als ein Schutzorgan des Kerns in derselben Weise wie die Zellmembran bei der Zelle gedeutet werden muss. — Eine derartige Kernform bildet das Binnenbläschen der Thalassicollen. — Es ist klar, dass, wenn diese Auffassung richtig ist, das Kernkörperchen in den complicirter gebauten Kernen den functionell wichtigsten Bestandtheil bildet,
und könnte man dann den Nucleolus für den eigentlichen Kern halten, welcher von einer Hülle
umgeben und in einer eiweissreichen Flüssigkeit eingebettet ist, aus der er die zum Wachsthum nöthigen Bestandtheile entnimmt.

Uebertragen wir nun die hier gewonnenen Vorstellungen auf die uns beschäftigende
Frage, so können wir schon die Theilung des Nucleolus als eine Art Kerntheilung auffassen,
welche für das umgebende Zellprotoplasma so lange keine Bedeutung gewinnt, als alle Theil-
producte von einer gemeinsamen Hülle umgeben werden. Eine derartig multinucleoläre Zelle
könnten wir dann ebenso für potentia vielkernig halten, wie eine vielkernige Zelle für potentia vielzellig und würde so der allmählige Uebergang, welcher zwischen dem einzelnen Zell-
individuum und dem aus Theilung desselben entstandenen Zellhaufen besteht, ein noch mehr
durch Zwischenstadien vermittelter sein, als er ohnedies schon ist. Erst wenn die Kernkörper
nach aussen gelangen, gewinnen sie Einfluss auf die Anordnung des Protoplasma und bedingen den Zerfall desselben in einzelne Theilstücke. Somit würde die Bildung und Umwandlung des multinucleolären Kerns eine Form der Kerntheilung darstellen, welche durch die
Differenzirung des Kerns, namentlich die Bildung der Membran, einen eigenthümlichen Verlauf
angenommen hat.

Die Annahme von Vorgängen, wie wir sie eben geschildert haben, stellt sich nicht
so sehr, als es beim ersten Blick wohl scheinen möchte, in Gegensatz zu den bestehenden
Auffassungen von der Kerntheilung, namentlich nicht zu den uns von früher her überkomme-
nen. — Das alte Schema der Kerntheilung lautete: zuerst theilt sich der Nucleolus und im
Anschluss an diesen der Nucleus. Ich zweifle nicht, dass ein derartiger Vorgang existirt;

[1] Morph. Jahrb., Bd. II.

denn bei histologischen Untersuchungen begegnet man so häufig Bildern, welche sich wohl schwerlich anders deuten lassen, dass es mir unberechtigt erscheint, überall bei der Theilung jene streifige Differenzirung des Kerns anzunehmen, welche durch die neuesten Untersuchungen nachgewiesen worden ist. Ich glaube, dass das alte Schema überall da zutrifft, wo differenzirte Kerne vorliegen und keine Rückkehr zum primitiven Zustand eintritt, wie sie STRASBURGER von Pflanzenzellen und O. HERTWIG von den Eizellen geschildert haben.

Von diesem Standpunkte aus betrachtet würde die Kernvermehrung durch eine endogene Brut nur einen Unterfall des früher allgemein angenommenen Modus vorstellen. Die Vermehrung des Nucleolus, welche hier nur einmal erfolgt, würde dort einen beschleunigten Verlauf annehmen. Das verschiedene Verhalten der Kernvacuole würde von untergeordneter Bedeutung sein und von der grösseren oder geringeren Plasticität der Kernmembran abhängen, ganz analog wie Zellen mit erhärteten Membranen ohne Betheiligung der letzteren, Zellen mit weichen umbildsamen Membranen dagegen unter Theilnahme derselben sich theilen, und wie bei der Vermehrung der Rhizopoden die Schale je nach ihrer Biegsamkeit bald Antheil nimmt, bald wieder unverändert bleibt. —

Die Beobachtungen über das Verhältniss des Binnenbläschens zu den Centralkapselkernen und die Schlussfolgerungen, welche ich an dieselben geknüpft habe, werden Jeden, der mit der Rhizopodenliteratur der letzten Jahrzehnte bekannt ist, an die über die Fortpflanzung der Amoeben, Arcellen, Difflugien u. A. gemachten Angaben erinnern. In zahlreichen Arbeiten haben CARTER, WALLICH und in Deutschland GREEFF die alte CLAPARÈDE-LACHMANN'sche Ansicht vertheidigt, dass der Nucleus der Rhizopoden eine Art weiblichen Fortpflanzungsorgans sei; in demselben sollen zahlreiche Nucleoli sich entwickeln, welche die Kernhülle nach einiger Zeit verlassen und im Protoplasma zu kleinen Amoeben mit Kern und contractilen Vacuolen heranwachsen; während das Mutterthier abstirbt, sollen die jungen Amoeben ausschlüpfen und in einen Flagellatenzustand übergehen.

Die geschilderte Auffassung würde der hier vertretenen sehr ähnlich werden, wenn wir die Deutung der Beobachtungen nur wenig modificiren und die Kernkörper nicht zu den ganzen Amoeben, sondern nur zu den Kernen derselben, welche sich mit mütterlichem Protoplasma umgeben, werden lassen. Leider sind die Beobachtungen, auf welche die Schilderung der Fortpflanzung der Amoeben begründet wird, zu lückenhaft und selbst der Bestätigung bedürftig, als dass sie der von mir vertretenen Auffassung zur Stütze dienen könnten. Namentlich ist die Gefahr einer Täuschung durch Parasitismus bei ihnen nicht genügend berücksichtigt worden.

Endlich müssen wir noch mit wenigen Worten auf die Deutung eingehen, welche AUERBACH den multinucleolären Zuständen des Kernes giebt. Derselbe fand in den Gewebszellen der Muscidenlarven kurz vor der Verpuppung sehr zahlreiche Kernkörperchen und vermuthet, dass dieselben bei der Histolyse, welche während des Puppenstadium eintritt, erhalten bleiben und frei werden. Sie sollen aus dem Gewebebrei ihre Nahrung entnehmen und schliesslich sich zu Zellen umbilden, welche bei der Regeneration der Gewebe entstehen. — Auch hier würde zweifellos eine grössere Annäherung an die bestehenden Auffassungen gewonnen werden, wenn wir nur die Kerne der neuen Gewebselemente und nicht die ganzen Zellen aus den Nucleoli der alten Kerne ableiten. Der ganze Vorgang der Histolyse würde dann unter dem Bild einer rapiden Zelltheilung erscheinen und viel von dem Wunderbaren verlieren, das er jetzt besitzt.

Die citirten Beobachtungen über die Fortpflanzung der Amoeben und die Histolyse der Insecten machen es wahrscheinlich, dass der Kernvermehrungsmodus, welchen ich zur Erklärung der verschiedenen Zustände der Thalassicollen angenommen habe, eine weitere Verbreitung besitzt. Es ist somit Aussicht vorhanden, dass das eigenthümliche Vorkommen von zweierlei Kernformen im Protoplasma der Centralkapsel mancher Radiolarien ihr Analogon in ähnlichen Bildungen bei anderen niederen Organismen und bei thierischen Geweben finden wird. Dies würde dann weitere Beweise für die schon oben geäusserte Ansicht liefern, dass die histologische Differenzirung der Radiolarien sich im Wesentlichen an die der übrigen Organismen anschliesst.

Literatur.

In dem chronologisch angeordneten Verzeichniss sind die auf die Systematik der Radiolarien sich beziehenden Arbeiten nicht berücksichtigt worden.

1. **F. Meyen**, Beiträge zur Zoologie, gesammelt auf einer Reise um die Erde: Agastrica, Palmellaria. Nov. Act. Acad. Leop. Carol. Tom. XVI. Suppl. pag. 160. 1834.

2. **Th. Huxley**, Zoological Notes and Observations. III. Upon Thalassicolla, a new Zoophyte. Ann. a. Mag. Nat. Hist. S. 2, Vol. 8, pag. 433. 1851.

3. **Joh. Müller**, Ueber die Thalassicollen, Polycystinen und Acanthometren des Mittelmeeres. Abhandl. der königl. Acad. zu Berlin, 1858. (Zum grössten Theil schon enthalten in den Berichten der Academie 1855, pag. 229 u. 671; 1856, pag. 474; 1858, pag. 154.)

4. **Claparède et Lachmann**, Études sur les Infusoires et les Rhizopodes. Vol. I, pag. 458. 1858—1859. (Vorläufige Mittheilung in den Berichten der Acad. zu Berlin 1855, pag. 674.)

5. **A. Schneider**, Ueber zwei neue Thalassicollen von Messina. Müller's Archiv 1858, pag. 38.

6. **Ernst Haeckel**, Die Radiolarien (Rhizopoda Radiaria). Eine Monographie. Berlin 1862.

7. **James Dana**, On two oceanic species of Protozoans related to the Sponges. Ann. a. Mag. Nat. Hist. S. 3, Vol. 12, pag. 54. 1863.

8. **E. Haeckel**, Ueber den Sarkodekörper der Rhizopoden. Zeitschr. f. wissensch. Zool. Bd. XV, pag. 342. 1865.

9. **A. Schneider**, Zur Kenntniss des Baues der Radiolarien. Archiv f. Anatomie u. Physiologie. 1867, pag. 509.

10. **Wallich**, Observations on the Thalassicollidae. Ann. a. Mag. Nat. Hist. S. 4, Vol. 3, pag. 97. 1869.

11. **E. Haeckel**, Beiträge zur Plastidentheorie: 3. Myxobrachia von Lanzerote. 5. Amylum in den gelben Zellen der Radiolarien. Jenaische Zeitschr. Bd. V, pag. 519. 1870. (Auch in »Studien über Moneren«, pag. 106 separat erschienen.)

12. **Alex. Stuart**, Neapolitanische Studien. Göttinger Nachr. 1870, No. 6.

13. **N. Wagner**, Myxobrachia Cienkowski. Bulletins de l'Acad. de St. Petersbourg. Vol. XVII, pag. 140.

14. **Macdonald**, Remarks on the Structure of the Polycystina. Ann. a. Mag. Nat. Hist. S. 4, Vol. 8, pag. 224. 1871.

15. **L. Cienkowski**, Ueber Schwärmerbildung bei Radiolarien. Arch. f. mikrosk. Anat. Bd. VII, pag. 371. 1871.

16. **W. Dönitz**, Beobachtungen über Radiolarien. Arch. f. Anat. u. Phys. 1871, pag. 71.

Erklärung der Tafeln.

Tafel I.

Collozoum inerme: Entwicklung der Schwärmer ohne Crystalle.

(Figuren 1—5 bei Zeiss F. Oc. 1. Figuren 6—11 bei F. Oc. $2^{1}/_{2}$ gezeichnet.)

Figur 1. Junge Centralkapsel, bei welcher man noch nicht bestimmen kann, ob sie Schwärmer mit oder ohne Crystalle entwickeln wird.

Figur 2. Centralkapsel mit doppeltem Oeltropfen. Kerne von beträchtlicher Grösse, zum Theil in Theilung begriffen.

Figur 3. Centralkapsel von zahlreichen polygonal abgeplatteten Kernhaufen erfüllt; die centrale Oelkugel wird von einem Kranz kleiner Oelkugeln, um welche die Kernhaufen rosettenartig gruppirt sind, umgeben. Ausserdem findet sich ein Aggregat von Fettkörnchen an jedem Kernhaufen.

Figur 4. Centralkapselinhalt in polygonale Stücke zerfallen, jedes dieser Stücke abermals in kleinere Unterabtheilungen. Oelkugel einfach.

Figur 5. Ein etwas späteres Stadium; im Umkreis eines jeden aus dem Zerfall des Centralkapselinhalts entstandenen Stückes hat sich ein Haufen Fettkörnchen angelagert. Die gesammte Centralkapsel ist in Folge dessen undurchsichtig geworden. Die Zeichnung giebt das Bild wieder, welches man erhält, wenn man auf die Oberfläche der Centralkapsel einstellt.

Figur. 6 u. 9. Kugelförmige Haufen von Schwärmeranlagen, welche man isolirt, wenn man nahezu reife Centralkapseln zerquetscht. Jeder Haufen entspricht einem der Stücke, welche den Kapselinhalt von Figur 4 und 5 bilden. Figur 6, Anlage der Microsporen, Figur 9, Anlage der Macrosporen.

Figur. 7, 8 u. 11. Schwärmsporen des Collozoum. Figur 7. Microsporen a. im reifen, b. im unreifen Zustand; Figur 8. Macrosporen; Fig. 11. Macro- und Microsporen bei Osmiumbehandlung.

Figur 10. Kernhaufen, wie man sie aus mit Chromsäure behandelten und mit Carmin imbibirten Centralkapseln, welche sich ungefähr auf dem in Figur 3 dargestellten Stadium befinden, durch Zerzupfen isolirt.

Figur 12. Eine der Inhaltsportionen, welche Centralkapseln wie die in Figur 4 dargestellte erfüllen, nach Behandlung mit Chromsäure und Beale'schem Carmin durch Zerzupfen isolirt.

Tafel II.

Collozoum inerme: Entwicklung der Schwärmer mit Crystallen und extracapsuläre Körper.
Thalassicolla nucleata.

Figur 1. Centralkapsel eines Collozoum inerme mit zahlreichen Kernen und den ersten Anlagen der crystall-ähnlichen Stäbchen; im extracapsulären Weichkörper zahlreiche in Zerfall begriffene gelbe Zellen. F. Oc. 1.

Figur 2. Kapselinhalt nach der Anzahl der Kerne in Stücke zerfallen, von denen ein jedes ein crystall-ähnliches Stäbchen und zahlreiche Fettkörnchen umschliesst; gelbe Zellen gleichfalls im Zerfall. (Da die Centralkapsel auf diesem Stadium fast ganz undurchsichtig ist, erhält man nur an den Randpartieen deutliche Bilder; die ganze Figur ist bei Einstellung des Mikroskops auf die Oberfläche gezeichnet. F. Oc. 1.

Figur 3. Ausgebildeter Schwärmer mit Crystall und Fettkörnchenhaufen von Collozoum inerme. F. Oc. 2.

Figur 4. Schwärmer von Collosphaera Huxleyi, a. im frischen Zustand, b. nach Behandlung mit Osmium-säure; im letzteren Falle kann man den Kern erkennen. F. Oc. 2.

Figur 5. Eiweisskugeln mit zahlreichen grösseren und kleineren Fettkörnchen, welche aus den Oelkugeln durch Resorption des fettigen Inhalts derselben entstehen; Präparat erhalten durch Zerquetschen einer Centralkapsel, welche sich ungefähr auf dem in Figur 2 dargestellten Entwicklungsstadium befand; a. im frischen Zustand, b. nach Behandlung mit Chromsäure. F. Oc. 2.

Figur 6. Protoplasmatisches Netzwerk, welches in einem Falle übrig blieb, nachdem bei einem Collozoum die Schwärmer ohne Crystalle durch Sprengen der Kapselmembran entleert worden waren; im Netzwerk zahlreiche grössere und kleinere Kerne und in Zerfall begriffene gelbe Zellen. E. Oc. 2.

Figur 7. Eine Collozoumcentralkapsel mit zahlreichen extracapsulären Körpern im Pseudopodienmutter-boden. F. Oc. 1.

Figur 8. Einige extracapsuläre Körper nach Behandlung mit Chromsäure isolirt, bei etwas stärkerer Ver-grösserung; im Centrum eines jeden Körpers zahlreiche zu einem Haufen vereinte kleine Oel-kugeln; Kerne im Umkreis des Oelkugelhaufens. F. Oc. 2.

Figur 9. Wahrscheinliche Fortbildungsstadien der extracapsulären Körper zu Schwärmern. F. Oc. 2.

Figur 10. Querschnitt durch die innerste Alveolenlage einer in Alkohol erhärteten Thalassicolla nucleata; von dem in der Figur nach oben lagernden Pseudopodienmutterboden strahlen zahlreiche, mit Pigmentkörnchen dicht erfüllte Protoplasmafäden aus, bilden Anastomosen und Verästelungen und gehen in den protoplasmatischen Wandbeleg der Alveolen über; in einer der letzteren lagern zwei extracapsuläre Oelkugeln. D. Oc. 2.

Figur 11. Verschiedene Stadien der Kerntheilung aus der Centralkapsel eines Collozoum inerme. F. Oc. 2.

Tafel III.

Thalassolampe margarodes und Thalassicolla nucleata.

Figuren 1—5. Thalassolampe margarodes.

Figur 1. Binnenbläschen mit 7 Binnenkörpern (Nucleoli), von denen jeder 1—2 Fettkörnchenhaufen be-sitzt. F. Oc. 1.

Figur 2. Verschiedene Binnenkörper, von denen einer eine Vacuole enthält, während die beiden anderen eine Differenzirung in eine festere innere und weichere äussere Schicht erkennen lassen. F. Oc. 2.

Figur 3. Gelbe Zellen der Thalassolampe. F. Oc. 2.

Figur 4. Die periphere Sarkodeschicht der Centralkapsel von der Fläche gesehen; dieselbe enthält Vacuolen, von homogenen Höfen umgebene Kerne *(n)* und Oeltropfen *(o)*. F. Oc. 2.

Figur 5. Die periphere Sarkodeschicht der Centralkapsel und die umgebende extracapsuläre Gallerte auf, dem optischen Querschnitt gesehen; *g*. gelbe Zellen. *n*. Kerne, *o*. Oelkugel. E. Oc. 2.

Figuren 6—15. Thalassicolla nucleata.

Figur 6. Ein grosses Exemplar der Thalassicolla mit ausgebreiteten Pseudopodien im Zustand völliger Ruhe; man kann deutlich die Sonderung des Körpers in die von Pigment umgebene Centralkapsel, die innere und äussere Alveolenzone erkennen; bei ungefähr dreifacher Loupenvergrösserung gezeichnet, ebenso Figuren 7 und 8.

Figur 7. Ein ähnliches, aber jüngeres Exemplar.

Figur 8. Eine Thalassicolla in stark gereiztem Zustand, die periphere Alveolenzone ist collabirt, die Pseudopodien zurückgezogen, das schwarze Pigment durch die gesammte extracapsuläre Gallerte zerstreut.

Figur 9. Eiweisskugeln, welche zum Theil geschichtete Concretionen, zum Theil Oelkugeln enthalten, im frischen Zustand. F. Oc. 2.

Figur 10. Stücke des Kapselinhalts mit Kernen *(n)*, Oelkugeln *(o)*, und durch Platzen der Eiweisskugeln frei gewordenen Concrementen. Nach Behandlung mit Chromsäure durch Zerzupfen isolirt. F. Oc. 2.

Figur 11. Binnenbläschen mit verästeltem Binnenkörper (Nucleolus) von einer jungen Thalassicolla im frischen Zustand. F. Oc. 1.

Figuren 12—15. Inhaltsbestandtheile einer in Schwärmerbildung begriffenen Centralkapsel. Fig. 12. Haufen zusammengeballter Schwärmeranlagen, Fig. 13. Concremente in Zerfall, Figur 14. Schwärmer reife und unreife, im frischen Zustand, Fig. 15. dieselben nach Behandlung mit Osmiumsäure. Figuren 12 und 13 bei F. Oc. 2, Figuren 14 und 15 bei F. Oc. 2½ gezeichnet.

Tafel IV.

Thalassicolla nucleata: Querschnitte durch in Spiritus gehärtete Exemplare.

Figur 1. Querschnitt durch die Mitte einer Centralkapsel: im Centrum das Binnenbläschen mit Binnenkörpern (Nucleoli), dann folgt eine Lage Protoplasma, auf diese Alveolen ohne Concremente, weiterhin Alveolen mit Concrementen, schliesslich die radiär gestreifte periphere Protoplasmazone. B. Oc. 2.

Figur 2. Querschnitt durch ein Binnenbläschen mit rundlichen, in einem Kreis gelagerten Binnenkörpern. Die in Figur 2—5 dargestellten Binnenbläschen gehörten Thalassicollen an, deren Kapselinhalt keine Kerne enthielt.) D. Oc. 2.

Figur 3. Binnenbläschen, dessen Binnenkörper zum grössten Theil in Form eines Stranges zusammenhängen und von einer gemeinsamen Schicht umhüllt werden, während nur wenige kleinere Binnenkörper dem Inhalt des Binnenbläschens direct eingelagert sind. D. Oc. 2.

Figur 4. Binnenbläschen mit Binnenkörpern, welche zum Theil rosenkranzartig eingeschnürte Stränge bilden. D. Oc. 2.

Figur 5. Binnenbläschen mit strangförmigen Binnenkörpern, welche von einem gemeinsamen Punkt ausstrahlen. D. Oc. 2.

Figur 6. Die radiären Protoplasmastücke, welche dicht unter der Kapselmembran lagern, von der Oberfläche gesehen. Die hellen Stellen entsprechen den darunter lagernden Alveolen der Eiweisskugeln. F. Oc. 2.

Figur 7. Die radiären Protoplasmastücke mit der von Porencanälen durchsetzten Kapselmembran auf dem Querschnitt gesehen. F. Oc. 2.

Tafel V.

Thalassicolla nucleata: Querschnitte durch in Spiritus gehärtete Exemplare.

Figur 1. Binnenbläschen mit einer aus dichterer Masse bestehenden Stelle, in der kleine Körnchen eingesprengt sind. Im Umkreis dieser Stelle liegen die Binnenkörper, welche zu einem oder mehreren von besonderen Hüllschichten umgeben sind. (Keine Kerne in der Centralkapsel.) D. Oc. 2.

Figur 2. Binnenkörper zum grössten Theil von besonderen Schichten umgeben, zum kleineren Theil unmittelbar im Inhalt des Binnenbläschens lagernd; im letzteren zahlreiche stark lichtbrechende und intensiv sich färbende Körnchen. 2a. die einzelnen Theile bei stärkerer Vergrösserung, α. u. β. Binnenkörper mit Umhüllung; γ. Binnenkörper ohne dieselbe; δ. die kleinen Körnchen. (Im Inhalt der Centralkapsel Kerne vorhanden.) D. Oc. 2.

Figur 3. Binnenbläschen mit grösseren und kleineren Binnenkörpern und zahlreichen kleinen Körnchen. (Im Inhalt der Centralkapsel Kerne vorhanden.) D. Oc. 2.

Figur 4. Binnenbläschen mit zahlreichen kleinen Binnenkörpern. (Im Inhalt der Centralkapsel Kerne vorhanden.) D. Oc. 2.

Figur 5. Theil eines in Rückbildung begriffenen Binnenbläschens, dessen Oberfläche eingekerbt erscheint.

Figur 6. Theil eines in Rückbildung begriffenen Binnenbläschens. Binnenkörper nur noch in geringer Anzahl vorhanden, zum Theil von Vacuolen aufgebläht. (Die Centralkapsel von Kernen ganz erfüllt.) F. Oc. 2.

Figur 7. Strangförmige von einem gemeinsamen Punkt ausstrahlende Binnenkörper, ähnlich denen der Figur 5 auf Tafel IV, bei starker Vergrösserung. F. Oc. 2.

Figuren 8—13. Inhalt von Centralkapseln auf verschiedenen Stufen der Ausbildung; alle Figuren bei F. Oc. 2 gezeichnet.

Figuren 8—10. Theile von Centralkapseln, welche von Kernen dicht erfüllt waren. Figur 8. Protoplasmareticulum eines Schnittes, aus dem die Kerne durch Ausspülen entfernt sind; Figur 9. Protoplasmareticulum von der Innenfläche der Kapselmembran; Figur 10. durch Zerzupfen isolirte Kernhaufen.

Figur 11. Theil eines Querschnittes durch eine Centralkapsel ohne Kerne, wie ihn Figur 1, Tafel IV darstellt, bei starker Vergrösserung. In den Alveolen sind die Eiweisskugeln mit Concrementen zum Theil erhalten.

Figur 12. Theil eines Querschnitts durch eine Centralkapsel, in der die Alveolenstructur noch erhalten ist, während schon zahlreiche Kernhaufen in den die Alveolen trennenden Brücken auftreten.

Figur 13. Querschnitt durch eine Centralkapsel, in der die Kernhaufen sich vermehrt haben.

Berichtigungen.

Seite 3, Zeile 5 von unten lies »dreimonatlichen« statt »dreiwochentlichen«.
Seite 16, Anmerkung 1 lies »Dütschli« statt »Boitschli«.
Seite 39, Zeile 14 von unten lies »C. spinosa« statt »C. echinata«.

Druck von Breitkopf und Härtel in Leipzig.

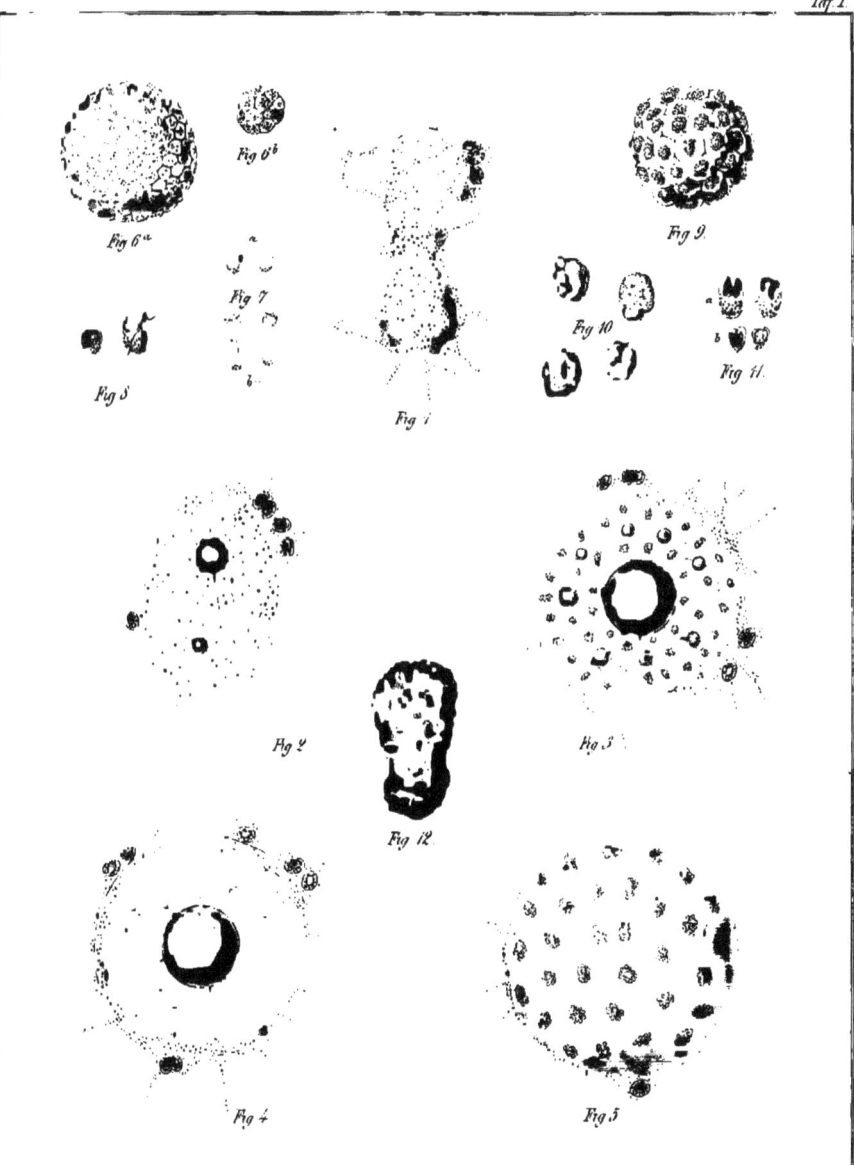

Fig 6ᵇ
Fig 6ᵃ
Fig 9
Fig 7
Fig 8
Fig 10
Fig 11
Fig 1
Fig 2
Fig 3
Fig 12
Fig 4
Fig 5

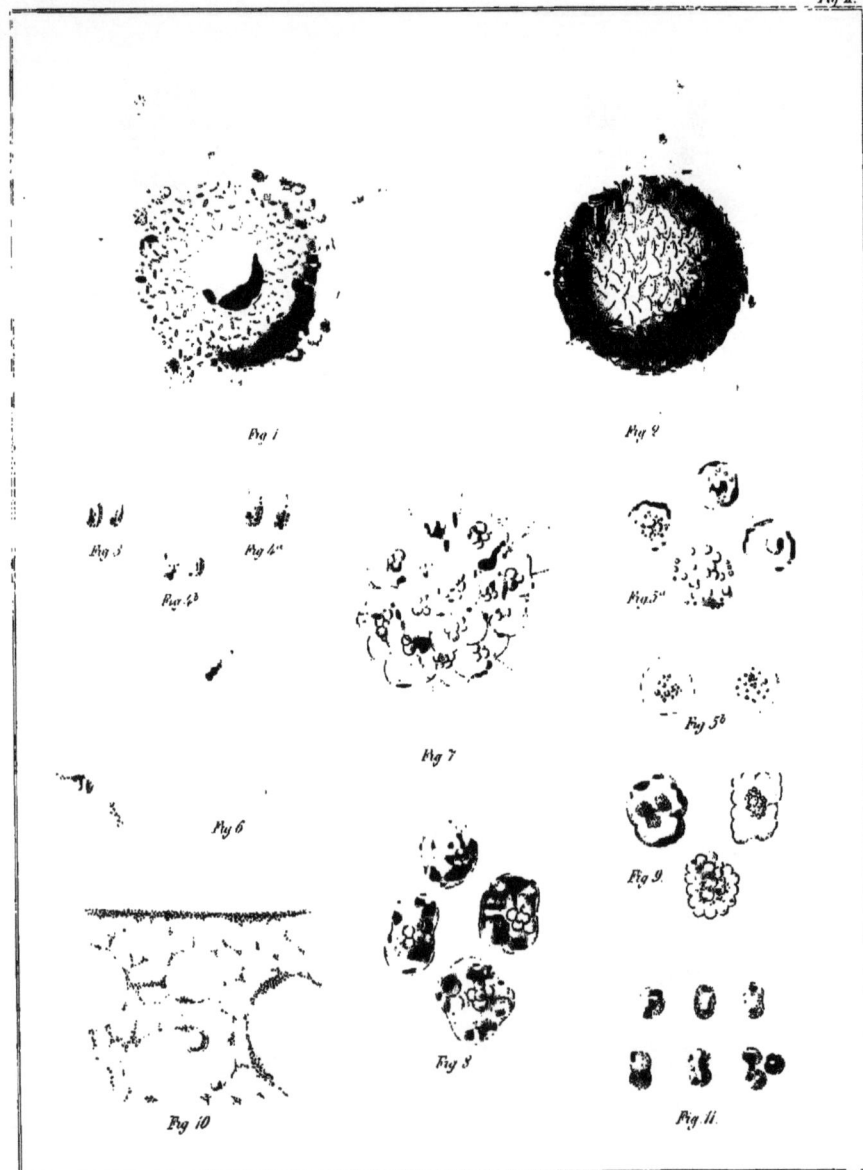

Fig. 1

Fig. 2

Fig. 3

Fig. 4ᵃ

Fig. 4ᵇ

Fig. 5ᵃ

Fig. 5ᵇ

Fig. 6

Fig. 7

Fig. 9

Fig. 8

Fig. 10

Fig. 11

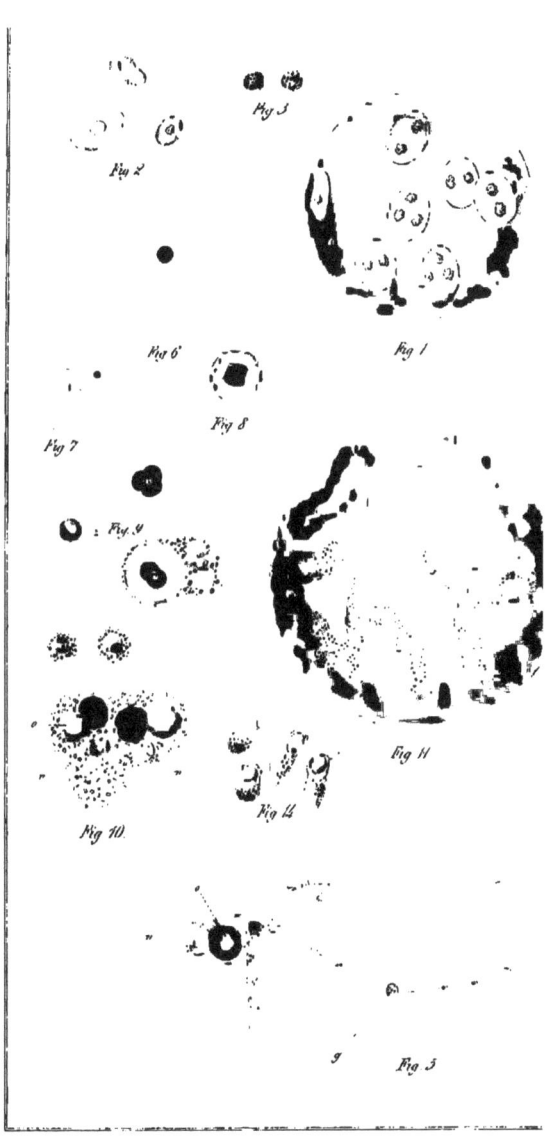

Fig 2

Fig 3

Fig 1

Fig 6

Fig 8

Fig 7

Fig 9

Fig 10

Fig 12

Fig 11

Fig 5

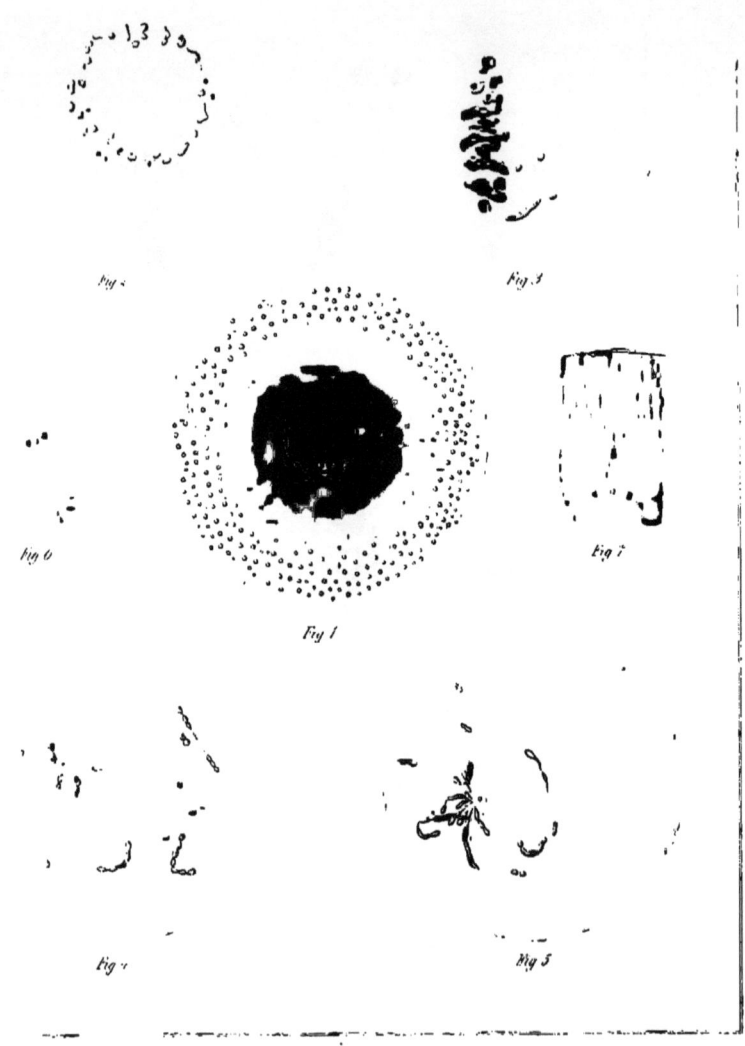

Fig 2

Fig 3

Fig 6

Fig 7

Fig 1

Fig 4

Fig 5

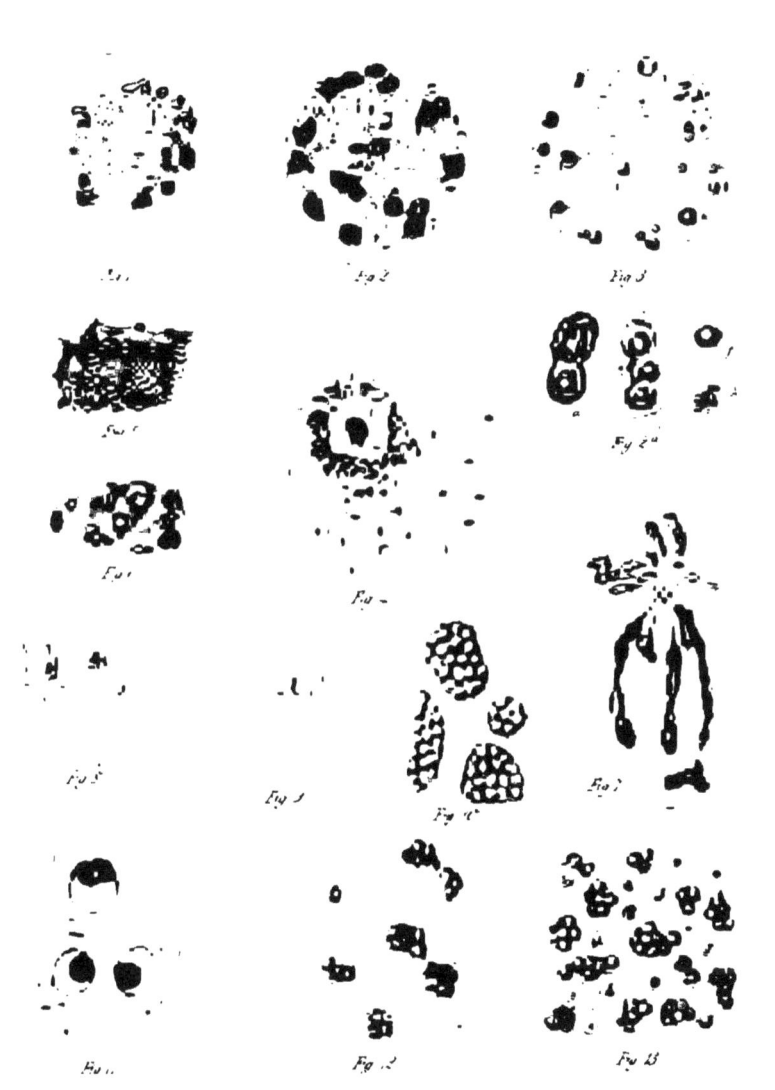

Fig 1   Fig 2   Fig 3